KB039965

니콜라스 다바스

박스이론

Wall Street: The Other Las Vegas

copyright © 1964 by Nicolas Darvas

© 2008 by BN Publishing

All rights reserved.

Korean edition © 2022 by Page2Books

The Korean translation rights arranged with BN Publishing through LENA Agency, Korea.

이 책의 한국어판 저작권은 레나 에이전시를 통한 저작권자와 독점계약으로
페이지2북스가 소유합니다. 신저작권법에 의하여 한국 내에서 보호를 받는
저작물이므로 무단전재와 복제를 금합니다.

니콜라스 다바스
박스이론

니콜라스 다바스 지음 | 김나연 옮김

| 일러두기 |

1. 이 책에서 인용된 책 제목 가운데 국내에 소개된 책은 국역본 그대로 쓰였고, 소개되지 않은 책은 번역문과 함께 원전의 제목을 넣었습니다.
2. 인명과 지명, 투자 용어는 되도록 현행 외래어 표기법을 따랐습니다. 그러나 내용을 좀 더 이해하기 쉽게 관용적 표현을 쓴 것도 있습니다.
3. 이 책에는 옮긴이와 편집자 주가 혼용되어 있습니다.
4. 원문의 내용을 충실히 옮기려고 노력하였습니다. 몇몇 그래프와 자료의 경우 독자의 이해를 돕기 위해 김대현 작가님의 도움을 받아 정리하였습니다.

"나는 주가가 오를 때는 절대 팔지 않는다.
왜 이기는 말에서 내린단 말인가?
나는 하락하는 주식은 절대 잡지 않는다.
뭐하러 지는 패를 잡는단 말인가?
필드를 향해 나아가다 보면 분명 일찍 멈춰버린 말에
오를 최적의 타이밍이 찾아오게 마련이다."

_ 니콜라스 다바스

트레이딩이라는 게임에서
승자가 되는 법

이 글을 쓰기 10여 년 전인 1952년, 나는 공연 보수를 주식으로 주겠다는 제안을 받으며 주식 투자에 처음 뛰어들었다. 그리고 4년이 지나 순수익을 합산해봤다. 주식으로 번 수익이 200만 달러를 넘어섰다. 한 출판사가 내 이야기를 듣고 책을 써보자고 제안했다. 『나는 주식 투자로 250만 불을 벌었다』는 출간과 동시에 40만 부 이상 팔렸다. 내 책으로 인해 미국증권거래소 아멕스Amex, American Stock Exchange의 법이 바뀌기도 했다.

월스트리트에서 가장 큰 투자은행과 증권회사에서 '다바스 뮤추얼펀드(투자 신탁)'를 설립하자는 권유도 받았다. 정치적 야심이 높았던 법무부 장관이 중개업자를 압박하며 나에 대한 고강도 수사를 시작해 신문 1면을 장식하기도 했다. 장관을 명예훼손으로 고소하지 않고, 나는 중개인 역할을 포기하기로 합의하고 일을 마무리했다.

이후 나는 수천 통의 편지를 받았다. 대부분 주식 투자에 대한 조언이나 팁을 얻고 싶다는 내용이었다. 그럴 때마다 나는 사람들에게 비슷한 이야기를 해줬다. "어떻게 해야 돈을 벌 수 있는지 나도 잘 모르겠습니다. 그저 계속 투자에 성공했고, 계속 수익을 냈을 뿐입니다." 그러자 출판사는 두 번째 책을 출판해 주식시장에 대한 나의 경험과 관찰을 담아내자고 제안했다. 고심 끝에 두 번째 책을 써야겠다는 결론을 내렸다. 10년 전 주식 투자를 시작한 이래, 돈을 버는 것 외에 다른 여러 교훈을 얻었기 때문이다.

한 걸음 뒤로 떨어져 주식 세계를 바라보니, 월스트리트가 일종의 카지노 같다는 생각이 들었다. 테이블 이쪽에는 딜러와 크루피어, 호객꾼이 난무하고, 테이블 저쪽에는 승자와 호구들이 득실거리는 도박장. 나는 승자였고, 계속 승자가 되고 싶었다. 나는 라스베이거스보다 더 커다란 세계에서 소용돌이치는 작전과 치열하게 심리전을 펼치는 작업자들, 거대한 신화와 미스터리를 온몸으로 겪어냈다.

트레이딩이라는 게임에 뛰어들면서 나는 확률을 따지기 시작했고, 리스크를 줄이는 법도 배웠다. 이 책은 세계 최대의 도박장 월스트리트에서 승자가 되기 위해 싸워온 갬블러의 이야기다.

자, 이제 그 세계로 들어가보자.

니콜라스 다바스 Nicolas Darvas

성공 투자의 핵심은 무엇일까? 좋은 기업을 찾는 것? 장기 투자하는 것? 천만의 말씀! 나는 늘 '추세추종과 리스크 관리'라고 답한다. '월가의 영웅들' 시리즈 세 번째 책에서 소개한 니콜라스 다바스의 박스권 돌파 매매야말로 개인투자자가 따라 하고 부자가 될 수 있는 추세추종 기법 중 하나다. '매도 게임'에서 위대한 투자자들은 어떻게 손절, 익절을 하는지 배우고 실전에 꼭 활용해보자.

_ 강환국, 『파이어 Fire』 저자, 『할 수 있다! 알고 투자』 운영자

투자 고전 시리즈 '월가의 영웅들' 세 번째 책을 미리 읽어보았다. 이 책에서 니콜라스 다바스는 주로 1950~1960년대 주식시장에 관하여 이야기하지만, 이 시기의 주식시장은 묘하게

도 2020년대 주식시장과 닮았다. 그렇기에 이 책은 오늘날을 살아가는 투자자에게 분명 도움을 줄 것이다. 다바스의 이론을 있는 그대로 암기하는 것보다 그가 어떻게 자신만의 원칙과 함께 박스이론을 정립할 수 있었는지 제대로 이해하는 것이 더 중요하다.

_ 김동주(김단테), 『절대수익 투자법칙』 저자, 『내일은 투자왕』 운영자

요즘 같은 하락장에서 수익을 얻기란 쉽지 않은 일이다. 이럴 땐 투자 고전인 '월가의 영웅들' 시리즈를 읽으면서 마음을 다잡는 것도 좋다. 특히 니콜라스 다바스는 무용수로 자신의 일과 투자를 병행했다. 그럼에도 투자 원칙을 세우고 박스이론을 정립하여 250만 달러의 수익을 얻었다.

주식시장에서 성공하는 방법은 다양하다. 펀더멘탈만을 중요시하는 사람도, 기술적 분석만을 중요시하는 사람도 모두 성공할 수 있다. 하지만 자신만의 방법을 가지지 못한 사람은 성공할 수 없다. 투자의 성공 비결이 있다면 니콜라스 다바스처럼 자신만의 방법을 찾는 것이다.

_배진한, 『투자를 잘한다는 것』 저자, 「2배 진한 경제TV」 운영자

· 차례 ·

뉴욕증권거래소 임원 조직도

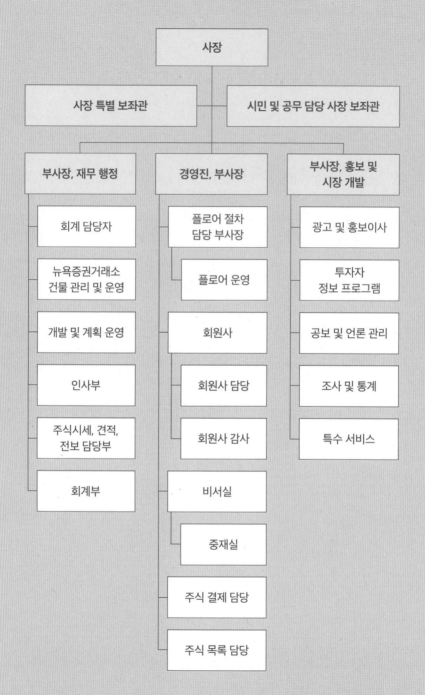

카지노 경영진 조직도

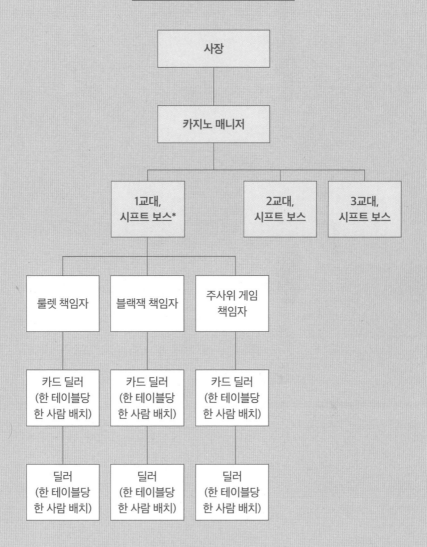

- 사장
- 카지노 매니저
- 1교대, 시프트 보스*
- 2교대, 시프트 보스
- 3교대, 시프트 보스
- 룰렛 책임자
- 블랙잭 책임자
- 주사위 게임 책임자
- 카드 딜러 (한 테이블당 한 사람 배치)
- 딜러 (한 테이블당 한 사람 배치)

---

* 시프트 보스(Shift Boss): 모든 게임을 감독 관리하는 경영자를 대신하는 사람.

The Casino

주식시장은 또 다른 카지노다

트레이딩은 순전히 추측이며 도박이다. 누군가 나보다 더 많은 돈을 주고 매수해 갈 것이란 미래의 희망에 내기를 거는 것이다. 그리고 당신의 주식을 매수한 사람 역시 정확히 똑같은 내기를 한다.

월스트리트라는 카지노에서 과연 무슨 일이 일어나고 있는가?
이 모든 게 도박 같다는 걸 눈치챘는가?
누구든 이기려면 질 각오를 해야 하는
제로섬 게임이라는 걸 깨달았는가? 주식이 경제를 이용한
치명적인 오락이 될 수도 있다는 걸 알았는가?

뉴욕 플라자호텔. 오크룸은 문전성시다. 1962년 5월 28일, 칵테일 타임이 한창이다. 그 시간, 밖에서는 센트럴파크 남쪽 지역을 따라 사람들이 바쁘게 오가고 있다. 차 소리도 요란하다. 다시 호텔 안. 사람들이 활기차게 대화를 나누는 가운데, 나는 침묵을 지키고 있다. 내가 제일 좋아하는 구석 자리에 앉아 정면의 문을 바라보며 앉아 있다. 플랜터즈 펀치 칵테일을 홀짝이며 암산을 한다. 테이블 위 신문 한쪽 구석에 밝은 파란색 잉크로 사각형을 그리고 그 안에 합산한 값을 쓴다.

2,450,000달러

거의 250만 달러에 다다르는 금액. 놀랍게도 내가 불과 7년이 채 안 되는 시간 동안 월스트리트에서 벌어들인 액수다. 심지어 225만 달러는 주식 투자를 시작한 지 고작 18개월 만에 벌었다! 거의 불가능에 가까운 일이다. 지금쯤이면 백만장자가 되겠다는 꿈에 익숙해질 때도 됐건만, 나는 아직도 내가 처한 상황이 얼떨떨하기만 하다.

나는 이미 월스트리트에서의 경험을 바탕으로 책도 한 권 썼다. 《타임》에 실린 환상적인 홍보 기사나 경제전문지 《배런스》의 주인공으로 다뤄진 적도 있다. 번지르르한 주간지들이 앞다퉈 '댄서 출신 마법사'에 대한 삽화를 그려댔다. 코미디언, 칼럼니스트, 평론가들이 앞다퉈 내 이름을 거론했다. 내 책은 엄청난 판매량을 기록했다. 뉴욕의 라틴 쿼터Latin Quarter나 로스앤젤레스의 코코넛 그로브Coconut Grove 공연장에서 내 공연을 한 번도 본 적 없는 사람들도 이제 내 이름을 알 정도다.

멀리서 보면 하이라이트처럼 느껴지는 몇 번의 순간이 남는 매혹적이고 놀라운 게임이었다. 나는 여전히 똑같은 샌드위치를 사 먹고, 내가 즐겨 찾는 바텐더에게 75센트의 팁 대신 주식 정보를 알려주기도 한다. 최근 내가 알려준 정보는 오토매틱 캔틴Automatic Canteen 주식에 관한 것이었다. 바텐더는 31달러 6센트에 산 주식을 40달러에 팔았다. 총 800달러 수익을 냈다고 했다. 팁치고는 꽤 괜찮지 않은가!

나는 논란의 주인공이었다. 전문가도 아니고, 심지어 콜 call(앞의 갬블러가 올린 판돈을 받아들인다는 의미-옮긴이)이니 범프bump(포커 게임에서 이전 베팅 금액을 증가시키려는 행위-옮긴이)니, 그라인드 grind('그라인드 어웨이grind away'라고도 하며, 갬블링 수익을 완만하고 견실하게 만드는 것-옮긴이) 같은 카지노 용어조차 하나도 몰랐던 댄서 출신이 진짜 경제학자들도 두려워하는 곳에 뛰어들어 게임을 하고 200만 달러가 넘는 돈을 벌었으니 당연한 결과였다.

어떻게 이런 일이 가능했을까? 어쨌든 진짜 그런 일이 일어났다. 그리고 다른 일도. 아멕스는 법을 바꿔 내가 손실을 줄이기 위해 썼던 방법인 손절매(스톱로스) 주문을 금지했다. "리더를 따라"하는 혹은 "댄서를 따라"하는 투기꾼을 억제하기 위한 수단이었다.

하지만 이 모든 건 돌이킬 수 없는 일이 됐다. 1962년 5월 저녁, 플라자 호텔 오크룸에 앉아 신문 1면에 보도된 기사를 보며 내 순이익을 계산해서 쓰던 그 순간, 나는 행동에 옮겼다. 그리고 나는 이렇게 생각했다. '니콜라스 다바스, 넌 진짜 운이 좋아.'

단지 은행 계좌에 돈이 넘쳐서 그랬던 건 아니다. 그보다는 다른 이유가 있었다. 《뉴욕 포스트》1면에 실린 커다란 헤드라인이 나를 향해 소리를 질러대는 것 같았다.

주가 폭락: 30년 만에 최악의 거래량

그 헤드라인은 월스트리트 역사상 가장 크고 긴 상승장의 한 자락이 끝났음을 뜻했다. 자신이 도박을 하고 있다는 생각조차 하지 못했던 수백만 명의 소액 투자자들에게 그 헤드라인은 몰락을 의미했다. 1962년 산사태*의 첫날, 1929년 대공황 때처럼 수천 개의 증권 계좌가 또다시 사라졌다.

그러나 5월의 폭락은 뉴욕증권거래소가 문을 닫은 직후 《포스트》가 처음 예측했던 것보다 그 폭이 훨씬 컸다. 증권거래소에선 208억 달러가 하루아침에 휴지 조각이 되어 날아가버렸다. 일주일 뒤 손실액은 400억 달러로 불어났다.

하지만 이조차 시작에 불과했다. 잠깐 회복세를 보이는 듯하던 주식시장은 이내 하향 곡선을 그리기 시작했다. 1주 가격이 600달러에 이르는 블루칩이던 강력한 IBM 같은 주식도 6월이 되자 어쩔 도리가 없는 듯 흔들리기 시작했다. 최근 이야기를 나눠보니, 그때의 손실을 아직까지도 메꾸지 못한 사람들이 부지기수다.

매도세의 폭풍우가 주식시장을 알프스 산의 눈사태처럼 뒤

---

* 1962년 산사태: 인플레이션으로 인한 연방준비제도(FED)의 기준금리 인상 및 긴축 정책으로 미국 증시는 20% 이상 폭락하는 모습을 보였다.

흔들고, 중개인들마저도 연달아 파산하는 가운데 나는 호텔에 앉아 시원한 칵테일을 마시며 완벽하게 초연한 마음으로 신문 헤드라인을 훑어 볼 수 있었다. 그 시점에 이미 주식시장에서 상당히 발을 뺀 덕분이었다. 나는 이미 4개월 전, 마지막 계좌를 해지한 터였다!

심사숙고해서 내린 결론이었다. 결코 우연이 아니었다. 그런 일은 결코 우연히 일어나지 않는다. 그렇다고 나를 예언자라고 말하긴 어렵다. 내게 마법사의 수정 구슬이 있는 것도 아니고, 미래를 점칠 찻잔이 있는 것도 아니니까. 게다가 난해한 차트와 그래프에 대해 설명해주는 고급 정보나 월스트리트 내부의 도움이 있었던 것도 아니다.

어찌 됐건, 내가 그해 5월 주식시장이 폭락할 것으로 예상할 수 있었느냐 아니냐는 중요하지 않다. 나는 이미 그 전해 12월 눈사태가 다가오고 있다는 것을 예감하고 있었다. 그래서 나는 손가락 하나 까딱하지 않고 내가 가지고 있던 주식을 자동으로 모조리 정리했다.

딱히 고통스럽거나 죽기 살기로 고민한 끝에 내린 결정은 아니었다. 주식을 매입할 때마다 고려하던 '박스이론'을 바탕으로 신중하게 계산해 설정해놓은 손절매 주문이 나 대신 결정을 내렸다. 만약 내가 대세를 거슬러서 모든 주식이 다 팔린 후에 다시 주식을 사들였더라도 손절매 주문이 첫 번째 하향 변동에서 자동 안전 컨트롤로 넘어가 그 순간 내가 보유한 주식들은 다시 자동 매도됐을 것이다.

　그 결과, 마지막 모험을 한 지 4개월 반 만에 플라자호텔 오 크룸의 내가 즐겨 앉던 자리에 앉아 《뉴욕 포스트》를 읽으면서, 월스트리트라는 카지노의 더블 제로*를 모두 때려 맞히는 일을 직접 해낸 나는 다시 한 번 월스트리트의 화젯거리가 되며 세간의 주목을 받았다. 내부자들은 헐값이 된 주식을 사들였고, 이런 흐름에 많은 사람들이 동참했다. 그 결과, 사람들은 월스트리트의 몰락에서 헤어 나온 지 얼마 되지 않아 또다시 공황에 빠졌다.

　나는 내가 안주하는 사람이라 생각하지 않는다. 물론 행복했다. 나는 내 돈을 모두 챙겨서 자리에서 일어날 수 있었다. 누군들 내가 행운아라 생각하지 않겠는가? 그와 더불어 나는 주식시장을 존중하는 법을 배웠다. 덕분에 주식시장에서 나와 함께했던 동료들을 떠올릴 수 있었다. 그들은 월스트리트라는 카지노에서 과연 무슨 일이 일어나고 있는지 이해했을까? 이 모든 게 도박 같다는 걸 눈치챘을까? 누구든 이기려면 질 각오를 해야 하는 제로섬 게임이라는 걸 깨달았을까? 주식이 경

---

* 더블 제로: 카지노 룰렛 테이블에서 0과 00을 포함한 38까지의 넘버를 이루고 있는 아메리칸 휠을 이르는 말로, 룰렛이 돌아가며 베팅한 숫자를 맞히면 승리한다.

제를 이용한 치명적인 오락이 될 수도 있다는 걸 그들은 알았을까?

주식시장에서 내 지분을 만들고 나서야 나는 그런 질문들을 생각해볼 수 있었다. 도박에 뛰어들었지만 결코 손실을 감당할 수 있을 만한 형편은 아닌 수백만 명의 사람들에게 주식 투자로 인해 발생할 수 있는 손실의 심각성을 알리고, 내가 아는 모든 이야기를, 어쩌면 내게도 일어났을 수 있었던 이야기를 솔직하게 털어놓아야겠다고 결심했다. 몬테카를로보다 훨씬 크고 라스베이거스보다 훨씬 반짝이는 이 카지노에 대해 설명하고 싶은 충동이 나를 사로잡았다. 나는 내가 경험한 모든 것을 사람들에게 솔직하게 말해주고 싶었다. 이 책은 월스트리트의 실체를 보여줄 것이다. 때로는 이기고 때로는 지는 도박꾼들로 가득한 전문적인 카지노 같은 이곳 말이다(이는 실제 주식 투자자의 모습이기도 하다).

증권거래위원회의 보고서에 따르면 현재 미국에는 1,700만 명의 주식 보유자가 있다. 물론 이 수치는 약간 오해의 소지가 있다. 기업의 주식을 보유한 사람이 모두 적극적으로 시장에 참가하는 건 아니다. 사실 대부분의 사람이 그렇다.

주식 보유자는 크게 두 가지 부류로 나뉜다. 나처럼 적극적으로 사고파는 사람들. 그리고 그저 우연히 둥지를 틀고 알을 품는 사람들. 후자는 대부분 소액 투자자로, 다음과 같이 나눠

볼 수 있다. 우선 제너럴 일렉트릭General Electric 같은 대기업 직원들이 자사 주식을 갖는 경우로, 이들은 보통 할인된 가격에 주식을 살 수 있다(회사와 직원 사이의 관계에서 자주 볼 수 있는 유형이지만, 주식시장에 참가한다는 점에서는 큰 차이가 없다). 두 번째로, 스톡옵션을 소득과 분산시켜서 세금 회피를 위한 목적으로 이용하는 임원들이다(대부분 은퇴 후 이런 방법을 사용한다). 마지막으로 운 좋게 먼 친척에게 우량주를 물려받아 가끔 소소한 배당금을 받으며 기뻐하는 사람들이다.

내부 정보에 접근할 수 있는 임원들을 제외하면 대부분의 사람들은 주식 투기를 하지 않는다. 매수도 거의 하지 않는다. 개인적으로 진짜 돈이 필요한 경우를 제외하면 팔지도 않는다. 내가 아는 사람 중에도 이런 사람이 있다. 이 책을 읽는 독자들 가운데도 이 범주에 속하는 사람이 있을 거라고 분명히 말할 수 있다.

가령, 나는 팬 아메리칸 월드 항공사Pan American World Airways에서 영업사원으로 일하는 여자를 하나 알고 있다. 그녀는 팬 항공 주식을 100주 가지고 있었다. 최근 팬 항공과 트랜스 월드 항공Trans World Airlines이 합병할 가능성이 있다는 소식이 들려오면서 팬 항공 주식은 몇 달 만에 처음으로 약간 활기를 보이기 시작했다. 내 친구 X는 1주당 20달러에 팬 항공 주식을 매입했다. 그리고 올해 1월, 팬 항공 주가는 27달러를 찍었다. 갑자기 가치가 치솟아 32달러를 찍자 나는 그녀에게 주식을 팔 생각이 있는지 물었다.

"오, 아니요." 그녀가 대답했다. "그냥 묵혀두면 가끔 배당금이 쏠쏠하게 나올 텐데요. 그리고 이직하지 않는 이상, 회사 주식을 좀 가지고 있는 게 좋을 것 같아요."

때론 감정이 돈보다 중요한 경우도 있다. 앞서 지적한 바 있지만, 주식을 보유한 모든 사람이 주식시장에 뛰어들어 활발하게 거래하는 건 아니다.

또 다른 친구는 아내가 삼촌에게 물려받은 주식에 대한 내 의견을 물어보았다. 그 주식이 뭐였을까? 쿠바에 석유와 가스를 대는 회사로, 아멕스에 상장된 시보니 코퍼레이션_{Siboney Corporation}이었다. 안타깝게도 친구 아내의 시보니 주식은 쿠바의 독재자 피델 카스트로가 집권하기 전인 1957년 매입한 것이었다. 내게 상담을 청했을 당시 시보니 주식은 주당 25센트에 거래되고 있었는데, 매수세가 거의 없었다.

주식시장에서 적극적으로 행동하지 않는 1,700만 명이 바로 이런 사람들이다. 이들은 대부분 구체적인 목표를 가지고 트레이딩을 하지 않는다. 미국 기업의 주식을 보유하고 있는 사람들 가운데 대다수가 바로 이런 사람들일 것이다. 이들은 매수도, 매도도, 도박도 하지 않는다. 그리고 월스트리트가 유지되는 데 있어 가장 중요한 요소인 수수료도 지불하지 않는다. 그냥 배당금을 받기만 하는 사람들도 있다. 단지 주식을 보유하기만 하는 것이다.

하지만 주식 중개업자나 기꺼이 수수료를 지불하면서 월스트리트에서 돈을 벌고 싶어 하는 사람들은 조금 다른 관심사를 가지고 있다. 이 책 역시 그런 관점에서 쓰였다.

이상하게도 남편을 잃은 여자들이나 고아 출신 투자자들은 대개 블루칩에서 나오는 배당금으로 생활비를 충당한다는 사실을 알게 됐다. 그리고 그런 사람들은 보통 대리인의 도움을 받는 경우가 많았다. 즉, 그들의 자산은 뮤추얼펀드나 수수료를 수수하고 포트폴리오를 관리해주는 신탁 펀드 매니저들이 관리했다.

포트폴리오는 주기적으로 조정을 거친다. 포트폴리오에 편입된 주식을 팔고 다른 주식을 매수해 그 공백을 메운다는 뜻이다. 쉽게 말해, 한 종목의 주가가 곧 하락하고 다른 종목의 주가가 곧 상승할 것이라는 데 베팅한다. 분명히 말하지만, 미망인이나 고아들도 다른 많은 사람들처럼 도박을 한다. 비록 실제로 자신이 직접 판에 뛰어들어 돈을 걸지 않는다고 해도 말이다.

이런 면들이 흥미로웠던 나는 투자자의 면면을 자세히 살펴봤다. 실제로 주식시장에서 도박을 하는 사람들의 수가 예상치와 달랐기 때문이다. 그 결과, 투자자들을 크게 셋으로 구분할 수 있었다.

첫째, 자금이 생길 때마다 조금씩 주식을 매수하는 개인투자자다. 뉴욕증권거래소의 '월간투자계획*'을 보면 주식을 사는 데한 달에 40달러 이상 쓰는 개인투자자가 10만 5,000명이 넘는다. 월간투자계획은 주식 투자를 하고 싶지만 목돈을 마련하기어려운 사람들이 주로 투자하는 방식으로, 매달 주식을 매수하다 보니 주가 상승을 고스란히 감수해야 하므로 적기에 한꺼번에 매수하는 경우보다 많은 수수료를 지불해야 한다.

둘째, 300만 명에 이르는 뮤추얼펀드 투자자다. 앞서 설명한것처럼 이들은 주식 투자를 하지만 도박에 나서지는 않는다. 실제로 도박에 나서는 것은 이들의 자금을 관리해주는 전문가들이다. 이들 뮤추얼펀드 투자자에게 허락된 유일한 도박은 갖고있는 주식을 팔고 싶거나 새로운 주식을 사고 싶을 때 과연 뮤추얼펀드에 편입된 주식의 가치가 기꺼이 대가를 지불할 만큼가치가 있는지 판단하는 것이다.

셋째, 흔히 '단주 보유자'라고 지칭하는 사람들이다. 다양한이유가 있겠지만 대부분 제한된 자원 때문에 100주 미만의 단주 거래로 주식을 사는 사람들이다.

---

* 월간투자계획(MIP, Monthly Investment Plan): 매월 일정 금액을 투자하거나 일정량의 주식이나 수익증권을 매입해 나가는 투자 기법. 우리나라의 적립식 수익증권저축과 유사하다.

그런데 단주 보유자가 실제로 얼마나 되는지 파악하기란 매우 어려운 일이다. 내가 아는 한 중개업자는 그가 일하는 회사의 거래 중 약 60%가 100주 미만 단주 보유자들의 소규모 거래라고 했다. 심지어 재산이 꽤 있다고 자부하는 투자자라고 해도 제록스Xerox 같은 주식을 한번에 100주씩 매수할 만큼 충분히 부유하거나 자금 여유가 있는 것은 아니다. 1주에 1,435달러나 하는 슈피리어 오일Superior Oil 주식을 한번에 100주씩 매수할 수 있는 사람이 얼마나 되겠는가.

예를 들어보자. 1962년 12월 단주 매입은 265만 9,092건을 웃돌았다. 이는 소액 투자자들의 매도 물량이 많았다는 뜻이며, 12월 당시 5월 폭락으로 인해 주식을 '묶어두었던' 소기업들이 월스트리트에서 탈출하고 있었다는 뜻이다.

작은 물고기들이 모여 큰 사업이 되는 법이다. 중개업소가 어떻게 이익을 내느냐는 질문에 이제 답을 얻을 수 있을 것이다. 과연 치어들은 돌아올까? 지금은 고인이 된 J. P. 모건은 주식시장의 유일한 확실성에 대해 이렇게 고전적인 평가를 내렸다. "주식은 언젠가 변동하게 마련이다." 나는 모건의 간결하면서도 묵직한 발언이 주식시장을 지탱하는 일반 대중에게도 널리 알려져야 한다고 생각한다. 주식이 오고가는 과정 역시 "언젠가는 변동하게 마련이다."

새로운 강세장이
진행 중인가?

《뉴욕타임스》의 금융 면을 훑어보는데, 투자 서비스 광고가 눈에 띄었다. 새로운 광고도 아니고, 새로운 흥밋거리도 아니었다. 나는 몇 달 전부터 이 광고를 눈여겨보고 있었다. 심지어 주식시장이 꿈쩍도 하지 않고 거래량이 300만 달러 가까이 줄었을 때도 이 광고는 여전히 신문의 한 부분을 차지하고 있었다. 과연 답은 무엇일까? 어떻게 해야 할까?

솔직히 말해 나도 정확하게 모르겠다. 라스베이거스의 카지노에서 룰렛 바퀴가 어디서 멈출지 맞히는 것보다 어려운 것 같다. 사실 소위 전문가라 하는 서비스 운영자들도 답을 모르는 것 같다. 그렇지 않다면 중개업자들이 한 번에 5달러의 수수료를 받기 위해 애쓰는 게 아니라 모두 단박에 백만장자가 됐을 것이다.

그러나 월스트리트의 역사만 봐도 주식시장은 경제 시스템 전체와 마찬가지로 호황과 불황이 되풀이되는 구조를 가지고 있는 게 확실하다(물론 이 둘이 동시에 진행되는 경우는 없다). 불황이 시장을 휩쓴 후에는 약간의 반등이 일어난다. 주가가 내려가면 언젠가는 분명 올라간다. 패자가 크게 털리고 떠나면 그 후 새로운 도박꾼이 등장하는 법이다.

이런 것은 그리 중요하지 않다. 내게 정말 중요한 질문은 다음과 같다. 시장에서 돈을 버는 방법은 무엇일까? 손실로부터 나를 보호할 방법은 무엇일까? 나는 월스트리트라는 카지노에서 큰돈을 벌었다. 따라서 나는 이길 확률이 높다고 말할 수 있다. 이 책은 내 모험의 연대기에 다름없다. 내가 가진 돈의 요새要塞, 반짝이는 게임 테이블은 내가 가진 최고의 복권이자 내가 할 수 있는 최고의 공격이다.

처음엔 나도 도박꾼이라 불렸다. 어떤 의미에서는 맞는 말이었는지도 모른다. 자신이 투자한 돈으로 수익을 내고 싶어 하는 모두가 어떤 의미에서는 도박을 하는 것이므로. 나는 처음부터 위험 요소를 없애거나 가능한 한 줄이는 것이 목표였다. 나는 이기는 게 좋다. 누군들 아니겠는가? 다만 이와 더불어 나는 천성적으로 보수적인 사람이기도 하다. 주가지수가 1포인트, 2포인트, 3포인트 떨어지는 것을 볼 때마다 가슴이 철렁 내려앉았다. 나는 무서웠다!

이런 두려움 때문에 나만의 가이드라인을 만들었다. 게임에 참여하면서 그나마 내가 결심한 것은 가능한 한 적게 잃자는 것이었다. 꽤 오래도록 움직임이 없는 시장이 앞으로 어떤 움직임을 보일지 예측하기 위한 나만의 비법이었다. 처음엔 모험을 많이 했다. 무엇보다 최악이었던 것은 내가 그 책임에서 자유롭지 못했다는 것이다. 처음부터 내가 이런 생각을 가졌던 것은 아니다. 처음에는 내가 도박을 하고 있다는 것을 인정하기 어려웠다. 나는 시장에 대한 이상한 편견과 강한 자신감으로 똘똘 뭉쳐 있었다. 이는 시장에 대해 제대로 배우기 전에 반드시 극복해야 할 문제다.

주식 투자와 관련해서 나의 첫 번째 모험은 순전히 우연히 시작됐다. 월스트리트도 아니고 캐나다에서였다. 토론토의 한 나이트클럽에서 공연을 의뢰받았는데, 댄스 공연비를 현금이 아니라 캐나다 광산 회사 브리런드Brilund 주식으로 지급하면 어떻겠냐는 이례적인 제안을 해왔다. 당시 나는 뉴욕 라틴 쿼터에서 공연하고 있었던 데다, 다른 공연 일정이 잡혀 있어서 토론토 공연을 계속 이어 나가기 어려운 상황이었다. 개인적인 사정으로 공연 약속을 지킬 수 없었다. 미안한 마음에 내 돈으로 브리런드 주식을 3,000달러어치 사겠다고 제의했다.

브리런드? 새로 나온 주방용 세제 이름 같았다. 영 미덥지 않은 마음에 브리런드 주식에 대해 조금 알아보다가 사는 게 바빠서 흐지부지해진 채 어느새 까마득히 잊고 살았다. 굳이 핑계를 대자면, 당시 나는 너무 바빴다. 마드리드 등 다른 도시에서 공연 일정이 줄줄이 잡혀 있었다.

그러던 어느 날 우연히 신문을 보다가 주식시장에 대한 칼럼을 하나 읽었다. 주식시장에 흥미가 있었다기보다는 그냥 시간이 남아서 읽게 된 칼럼이었다. 거기 브리런드에 대한 이야기가 실려 있었다. 나는 브리런드 주식을 주당 50센트에 샀다. 칼럼을 읽는데 브리런드 주식이 1주에 1달러 90센트라는 이야기가 나왔다. 순간 나는 신문에 오타가 난 게 분명하다고 생각했다. 세제를 만드는 회사인가 싶었던, 이름도 낯선 캐나다 광산 회사 주가가 거의 네 배나 오른 것이다!

나는 갖고 있던 브리런드 주식을 한번에 모조리 팔아치웠다. 나의 3,000달러는 어느덧 1만 1,000달러를 웃도는 금액으로 불어나 있었다. 누구나 예상할 수 있는 일이지만, 이 일을 계기로 나는 주식에 푹 빠져버리고 말았다. 주식으로 큰돈을 버는 게 내 운명인 것처럼 느껴졌다. 브리런드 주식으로 판단하건대, 주식은 수백만 달러를 벌 수 있는 확실한 꽃길처럼 보였다.

그동안 내가 알지 못했던 크나큰 비밀을 알게 된 것만 같아 왠지 뿌듯했다. 근거 없는 자신감과 이유 모를 힘이 샘솟았다. 아무도 나에게 주식이나 시장에 대해 설명해준 적이 없는데도, 이런 세계가 존재한다는 걸 알아내고 경제적으로 크게 성공할 수 있는 열쇠를 손에 거머쥐었다는 생각이 들었다. 그저 믿을 만한 중개인을 찾고, 적당한 주식만 고르면 브리런드의 경우처럼 또다시 자산이 크게 불어날 것이라 확신했다.

왜 다른 사람들은 이토록 근사한 주식에 투자하지 않는 걸까 의아했다. 뭐, 그건 그들의 문제지 내 문제는 아니었다. 나는 투자할 만한 좋은 주식을 찾기 시작했다. 어디서? 돈 있는 사람, 다시 말해 돈 벌 줄 아는 사람과 안면을 터야 했다. 그런 사람들이 자주 드나드는 나이트클럽에서 일했기 때문에 인맥을 만드는 것은 쉬웠다. 내가 만난 모든 사람이 주식과 관련된 정보와 소문, 소위 관계자들 사이에만 은밀하게 오가는 내부 정보, 그리고 틀림없이 오를 거라는 우량주에 대해 이야기했다. 주식시장이라는 존재는 딱히 비밀스럽지 않은 곳 같았다. 하지만 그렇게 얻은 팁 몇 가지에 의지해 돈을 투자해본 결과, 주식으로 큰돈을 버는 게 생각만큼 쉬운 일이 아니라는 것을 깨달았다.

이듬해, 제2의 브리런드를 찾기 위해 벤처 회사를 수십 개나 조사했다. 그중에 캐나다 슈퍼마켓이 있었다. 첫 경험의 달콤한 유혹에 빠져 나는 무엇엔가 홀린 듯이 그 회사에 투자했다. 결과는 당연히 실패였다. 올드 스모키 가스 앤 오일스Old Smokey Gas And Oils, 렉스파Rexspar, 캐이랜드 마인스Kayrand Mines 등 개연성 없는 주식에 연달아 투자해 수없이 많은 푼돈을 날렸다. "푼돈으로 큰돈 번다"는 주식시장의 격언은 내게 해당되지 않는 것처럼 느껴졌다.

당시 내 기록은 시장에 뛰어들어 희망에 잔뜩 부풀어 있는 새내기가 아니라면 그 누구라도 고개를 저을 만한 결과였다. 19센트에 산 주식을 10센트에 팔았다. 12센트에 사서 8센트에 날렸다. 130센트에 사서 110센트에 팔았다. 주식 계좌 잔액을 계산해보니 나는 일주일에 평균 100달러 손해 보고 있었다. 주식을 매매하는 과정에서 손실을 본 것뿐만 아니라 중개 수수료도 계속해서 줄줄 빠져나가고 있었다.

올드 스모키 가스 앤 오일스Old Smoky Gas & Oils

매수가 19센트 → 매도가 10센트

캐이랜드 마인스Kayrand Mines

매수가 12센트 → 매도가 8센트

렉스파Rexspar

매수가 130센트 → 매도가 110센트

내 트레이딩 실적은 한마디로 완전 엉터리였다. 첫 판에 돈을 좀 벌었다고 겁도 없이 뛰어들었다가 대세가 역전된 지 한참 지났는데도 게임에서 빠져나올 생각도 하지 못하고 판돈만 날리는 초보 도박꾼 같았다. 끈질기게 버티면 언젠가 다시 기회를 잡을 수 있을 것이라고 굳건히 믿는 초짜.

이상하게도 그 과정에서 나는 단 한 번도 낙담하지 않았다. 그저 단순히 조만간 괜찮은 주식을 찾으면 한 방에 모든 걸 뒤집을 수 있을 거라고 생각했다. 하지만 조금만 깊이 생각해봐도 내가 나아가야 할 길이 멀다는 것이 명백했다. 나는 주식 투자를 할 때 중개 수수료나 양도세를 내야 한다는 기본적인 사안조차 모를 만큼 까마득한 초보였다.

브리런드 주식을 매수해서 좋은 결과가 있었으므로 나는 광산주로 눈을 돌렸다. 그때 누군가 나에게 캐이랜드 마인스를 추천해주었다. 무엇을 채굴하는 회사일까? 돈이라면 좋을 텐데. 나는 그 회사가 무슨 일을 하는지도 모르고 주당 10센트라는 헐값에 팔리는 주식을 1만 주나 매수했다. 이렇게 1,000달러를 투자했다.

당시 1,000달러는 내게 상당히 큰돈이었다. 브리런드로 벌어들인 돈이 몇천 달러 정도 남아 있긴 했지만, 그래도 적지 않은 출혈이었다. 그건 한마디로 도박이었다. 골프를 처음 쳐본 학교 선생이 1타에 30미터를 날려버리는 것 같은 심정으로 초조하게 주가의 움직임을 지켜봤다. 아니나 다를까, 캐이랜드 마인스는 뭔가 채굴하긴 했다. 24시간 만에 가격이 11센트로 올랐다.

내가 주식시장만 바라보는 게 아니라 공연을 하느라 여행하는 중이었다면 주식을 사들인 뒤 까맣게 잊은 채 한동안 묻어두었던 브리런드의 경우처럼 캐이랜드 마인스 주식을 그냥 내버려뒀을지도 모른다. 하지만 나는 주식시장에 온 신경이 집중되어 있었다. 도박꾼으로서 도저히 그냥 둘 수 없었다. 나는 무의식적으로 "이익을 얻을 때는 결코 파산하지 않는다"는 월스트리트의 격언을 따랐다. 이해할 수 없다고? 캐이랜드 마인스 주식과 관련, 나는 다음과 같이 계산했다.

1주당 10센트에 1만 주 매수 : 1,000달러

1주당 11센트에 1만 주 매도 : 1,100달러

수익 : 1,100달러 – 1,000달러 = 100달러

무엇이 문제인지 알겠는가? 그렇다. 나는 어이없게도 작지만 중요한 부분인 중개 수수료를 간과했다. 캐이랜드 마인스 주식을 모조리 매도한 다음 날, 중개인이 내게 나쁜 소식을 알려주었다. 캐이랜드 마인스 주식을 1만 주 매수하는 데 따른 수수료는 50달러이고, 1만 주를 매도하는 데 따른 수수료로 또 50달러가 든다고 했다. 게다가 추가로 양도세가 부과된다고 했다. 그렇다. 수수료와 약간의 양도세를 빼고 나니 주식 투자로 이익을 냈는데도 불구하고 오히려 손해를 봤다. 반면, 중개업자는 전화 몇 통 거는 것만으로 가만히 앉아서 이익을 100달러나 챙겼다.

이렇듯 나 같은 고객이 그의 월세를 대신 내주는데 어떻게 그가 손해를 볼 수 있겠는가? 소심한 마음에 자잘한 이익 또는 손실을 보는 거래를 수없이 되풀이하면서 야금야금 지불한 중개 수수료와 양도세가 내 목돈을 계속해서 갉아먹는다는 사실을 깨닫는 데 정말 오랜 시간이 걸렸다.

뉴욕과 월스트리트로 시장을 옮긴 후에도, 나는 서커스단의 스타 공연자처럼 계속해서 치고 빠지는 방식으로 주식시장에

접근했다. 물론 내 중개업자는 수없이 치고 빠지는 나의 거래 방식에 박수를 보내왔다. 그들이 내 거래를 반길 실질적인 이유는 충분했다.

캐이랜드 마인스에 투자한 지 1년 반이 지난 1954년 7월, 나의 주식 투자 기록은 내가 직면한 문제가 무엇인지 극명하게 보여준다. 한때 월스트리트에서 아마추어 투기꾼으로 날렸던 나이지만, 주식시장의 농간에 어쩌지 못하고 휘둘리고 있었다. 자, 여기 네 건의 매매 기록을 소개한다. 각각의 거래 금액은 중개 수수료와 세금이 포함된 액수다.

아메리칸 브로드캐스팅 파라마운트American Broadcasting Paramount

16.88달러에 100주 매수(총 1,709.38달러)

17.5달러에 100주 매수(총 1,772.50달러)

17.88달러에 200주 매도(총 3,523.06달러)

→ 41.18달러 수익

뉴욕 센트럴 철도New York Central Railroad

21.5달러에 100주 매수(총 2,175.75달러)

22.5달러에 100주 매도(총 2,213.70달러)

→ 37.95달러 수익

제너럴 리프랙토리General Refractories

24.75달러에 100주 매수(총 2,502.38달러)

24.75달러에 100주 매도(총 2,442.97달러)

→ 59.41달러 손실

아메리칸 항공American Airlines

24.75달러에 100주 매수(총 1,494.75달러)

15달러에 100주 매도(총 1,476.92달러)

→ 17.83달러 손실

총수익 79.13달러, 총손실 77.24달러

→ 순수익 1.89달러

아메리칸 브로드캐스팅 파라마운트와 뉴욕 센트럴 철도는 소소하나마 오름세를 보이자 이익을 얻기 위해 재빨리 팔아치웠다. 제너럴 리프랙토리와 아메리칸 항공은 약간 하락세를 보이자 이런 추세가 계속 이어질 것으로 예상되어 손해가 더 커지기 전에 한번에 팔아치웠다.

이때쯤 3,000달러를 투자했던 브리런드가 거의 8,000달러의 이윤을 내면서, 내 재산은 피라미드처럼 불어났다. 하지만 실상을 들여다보면 이 모든 건 내 주머니 속 쌈짓돈에 불과했다. 네 개 종목 거래로 오간 돈은 총 1만 9,311달러 41센트, 손익을 감하고 남은 순수익은 겨우 1달러 89센트에 불과하다. 하지만 내 중개인은 이들 네 개 종목 거래로 총 236달러 65센트의 수수료를 챙겼다.

물론 1달러 89센트에 불과할지라도 이익을 내는 것이 손해를 보는 것보단 낫다. 게다가 이 거래로 주식시장에서 거래하는 데 있어 가장 중요한 첫 번째 교훈을 배웠다. 게임에서 앞설수 있는 중요한 기반을 마련한 것이나 마찬가지였다. 이 교훈은 이후 트레이딩을 하는 데 있어 하나의 원칙으로 자리 잡았다. 여기 그 교훈을 소개한다. 정말 짧은 한 문장이다!

새어나가는 돈을 막아라!

증권거래소에서 자기 계정으로 치고 빠지는 딜러(플로어 트레이더)처럼 소액 이윤을 남기는 거래를 피하고 중개 수수료를 줄일 수 있는 방법을 찾아야 한다. 증권거래소의 플로어 트레이더들이 "여기서 8분의 1을 얻고, 저기서 8분의 1을 얻는다"라고 말하는 걸 들은 적이 있다. 비교적 소액으로 빠르게 이뤄지는 저가 주식 거래에서 8분의 1포인트 혹은 주당 25센트의 이익을 얻는다는 말이다.

다시 한 번 말하지만, 이는 거래소 직원만 할 수 있는 거래다. 나 같은 평범한 트레이더는 할 수 없다. 나는 언제나 수수료를 내고 주식을 매수하고, 수수료를 내고 주식을 매도할 수밖에 없다. 게다가 나는 양도세도 내야 한다. 단주를 거래하면 중개인은 1주당 이익의 8분의 1 또는 4분의 1 정도를 수수하는데, 이것이 거래가보다 많은 액수일 경우도 있다. 그야말로 수지가 맞는 장사다.

거래 횟수가 많아질수록 중개인은 행복해지고, 나 같은 얼치기 트레이더는 최고의 강세장에서조차 돈을 벌 기회가 줄어든다. 뉴욕증권거래소에 명시된 바에 따르면 중개업자의 수수료가 그리 높지 않다고 생각할 수도 있다. 대충 말하면, 평균 1% 남짓이다. 하지만 적은 규모의 돈으로도 사람이 죽기 직전까지 갈 수도 있다. 주식시장에서는 그런 일이 생각보다 빠른 속도로 생각보다 많이 벌어진다.

나는 주식시장을 복권, 도박 기업, 카지노 같다고 이야기해왔다. 그냥 하는 비유가 아니다. 물론 평범한 독자라면 '뭐, 주식이 위험하긴 하지'라고 가볍게 생각할 수도 있다. 중개업자들도 인정하는 바이니까. 하지만 나는 단순히 위험성만 보고 주식 투자를 도박이라고 말하는 게 아니다. 주식 투자가 정말 도박이기 때문에 그렇게 말하는 것이다. 라스베이거스 카지노에서나 볼 법한 진짜 도박. 카드를 돌리거나, 번호가 매겨진 바퀴를 도는 작은 공의 움직임, 테이블의 주사위 하나로 숫자 8

에 5달러, 50달러를 거는 행위 말이다.

라스베이거스 카지노의 사장은 수레바퀴나 카드의 회전에 관심이 많다. 사람들이 자신의 카드와 주사위에 돈을 걸기 때문이다. 당연히 확률은 카지노에 유리하다. 그렇지 않다면 굳이 사업을 계속할 이유가 없지 않은가.

자, 내가 관찰한 사실은 다음과 같다. 주식시장은 한 가지 중요한 점을 제외하고는 카지노와 크게 다르지 않다. 월스트리트라는 카지노에서 중개업자와 직원들은 카지노 사장이나 마찬가지다. 그들 중 일부는 대다수 개인투자자들을 상대로 꾸준히 돈을 번다. 그런데 중개인들의 수익은 대부분 도박이 아니라 수수료에서 나온다. 중개 수수료는 증권거래소라는 조직이 존재하는 주된 이유이기도 하다. 중개 수수료가 없다면 월스트리트라는 카지노는 존재하지 않을 것이다. 이 사실을 나는 게임에 뛰어든 초반에 깨달았다. 그래서 카피라이터의 펜 끝에서 나이아가라 폭포처럼 끊임없이 튀어나오는 "건전한 투자"라느니 "우리 기업의 주주"라는 문구에 절대 속지 않았다.

매디슨 애비뉴의 장사꾼들이 월스트리트를 메인 스트리트*에 팔아넘긴 게 아주 잘한 일이라는 걸 인정할 수밖에 없다. 완

---

* 메인 스트리트: 금융권을 지칭하는 월스트리트의 반대되는 개념으로, 실물경제 혹은 일반 대중을 의미한다.

전히 합법적인 일은 아닐지도 모르나, 그 목적은 충분히 이해할수 있다. 사실 그 일은 미국 기업의 주식과는 거의 관련이 없다. 주된 목적은 더 많은 사람들을 주식시장이라는 도박판으로 끌어들여 더 많은 주식을 사고팔게 하고, 카지노를 소유하고 운영하는 중개인들에게 더 많은 수수료를 가져다주는 것이다.

그렇다고 해서 내가 도덕군자라는 건 아니다. 그저 내가 알고 있는 사실에 대해 설명하고 싶을 뿐이다. 물론 이런 상황은 내 수입과 관련 있고, 뉴욕증권거래소의 표현처럼 "자본주의는 신화나 마찬가지다." 미국 인구의 절대다수를 의미하는 '국민'은 자유 기업 시스템의 자본에서 아주 작은 부분만 소유할 뿐이다. 사실 생산 수단에 대한 공공 소유권은 한 세기 전에 비해 아주 크지는 않지만 그 범위가 줄어들었다.

기업들은 대중에게 주식을 팔아서 얼마간의 범위에서 초기 자본을 조달 받아 사업을 확장한다. 그다음엔? 수익이 나는 주식을 인수한 기업 경영진은, 임원이 자사 주식을 소유할 수 있는 경우를 제외하고는 미래에 발행될 주식과 거의 이해관계가 없다.

처음에 30달러에 출발한 주식이 5달러로 떨어지거나 시장에서 계속 거래되면서 150달러까지 오를 수도 있다. 그러나 채권이나 약속어음, 뮤추얼펀드 지분처럼 상환되지 않기 때문에 주식 가격이 얼마가 되든 기업에는 전혀 상관없다. 기업의 재정 사정은 시장의 변동에 좌우되지 않는다. 기업 이름이 멋들어지게 새겨진 주식과는 전혀 무관한, 보다 실용적인 문제로 좌우된다.

배당금? 역시 지급해야 할 의무는 없다. 이사회는 재량에 따라 배당 여부를 결정한다. 이사들이 보통 그렇듯, 주식을 대량 보유하고 있다면 배당금을 지급하고 싶어 할 수도 있다. 하지만 기업에는 돈을 지불하지 않을 다양한 핑곗거리가 있다. 기업의 확장, 주식 거래를 통한 다른 기업의 자산 획득, 금융 제국 건설, 보수가 높은 임원직 신설 등 기업은 부를 통제하는 데 관심이 더 많을 수도 있다.

배당 여부와 관계없이, 주식은 계속 거래된다. 그리고 이게 바로 문제의 진실이다. 구매자는 미래의 주식 가격을 추정해서 그 가격에 기초해 주식을 거래한다. 다시 말해, 트레이딩은 순전히 추측이며 도박이다. 여러분이 10달러, 20달러, 50달러짜리 주식을 산다는 것은 멋지게 인쇄된 증서에 누군가 10달러, 20달러, 또는 50달러를 혹은 그보다 더 많은 돈을 지불하고 매수해 갈 것이란 미래의 희망에 내기를 거는 것이다. 그리고 물론 당신의 주식을 매수한 사람 역시 정확히 똑같은 내기를 한다.

전체적으로 보면, 중개인의 역할은 당연히 활발한 거래를 독려해서 가능한 한 많은 수수료를 챙기는 것이다. 혹시나 해서 하는 말이지만, 중개인 역시 내기를 한다. 그러나 그들은 중개인으로서 취급하는 모든 거래에서 우위를 점하는 특권을 누린다. 이게 바로 증권거래소에 자기 자신을 등록하는 이유이기도 하다. 이는 중개업자 자신이나 혹은 그가 속한 회사의 또 다른 회원이 거래소에 4만 달러를 지불하거나, 독점적인 도박 클럽인 뉴욕증권거래소 회원 자격을 얻기 위해 15만 달러 이상을 기꺼이 내놓는 이유이기도 하다.

비즈니스는 비즈니스다. 흥망성쇠가 있고, 리스크가 수반되게 마련이다. 아무것도 확실한 건 없다. 그러나 모든 리스크는 일반적으로 계산된 것들이며, 상승과 하락은 모두 합리적인 관점에서 그 이유를 설명할 수 있다. 예를 들면 이런 식이다. 겨울에는 추워서 사람들이 연료를 많이 쓰기 때문에 석탄이나 석유 사업이 호황이다. 농부들이 수요보다 더 많은 양의 멜론을 재배해 공급이 과잉되면 멜론 사업 주식은 암울할 것이다.

월스트리트를 도박장이라 하는 데는 다른 이유도 있다. 일단 합리적이지 않으며, 하루가 아니라 시시각각 주가가 마구 요동친다는 점에서 그렇다. 주식시장의 그래프는 계속 오르락내리락한다. 카지노 테이블 위의 주사위가 운 좋게 7과 11이 나와 베팅한 만큼 따거나, 반대로 포커 판에서 받은 카드가 고작 2나 3인 것보다 훨씬 더 심각하게 변동적이다.

뉴욕증권거래소 관계자들은 목소리 높여 "당신은 우리 기업의 주주입니다"라고 말한다. 이게 정말 사실이라면 1주의 주가는 왜 하루에도 수십 번씩 바뀌는 걸까? 저녁 식사를 하러 간 음식점에서 가격이 매일 바뀌는 걸 본 적 있는가? 칵테일을 마시러 플라자호텔 오크룸에 갈 때마다 바텐더가 이렇게 말한다고 상상해보라. "안녕하십니까, 다바스 씨. 오늘 저녁 마티니는 한 잔에 97센트입니다. 맨해튼은 78센트, 버번은 43센트입니다. 베르무트 스위트가 가격이 가장 떨어져서 한 잔에 3센트입니다만, 드라이 마티니는 여전히 39센트입니다. 클럽 샌드위치는 5달러 26센트, 피클은 1달러입니다. 주방의 위임장 쟁탈전이 아직 결론 나지 않아서, 오늘 치킨 샐러드는 추천해드리지 않습니다."

말도 안 되는 소리 같은가? 파크 애비뉴 650번지 부동산이 오늘 아침 350만 달러에 팔렸다가 세 시간 후엔 353만 달러, 두 시간 후엔 다시 345만 달러로 떨어졌다가 다음 날 아침에는 290만 달러에 팔린다고 생각해보라. 전날 오후 3시에 부동산을 팔았던 남자가 다음 날 아침이 되자 자신이 받은 가격보다 싼 가격에 되사려고 서두른다면 어떻겠는가?

어떤 상품의 가격이 변동하는 게 공공의 이익에 도움이 된다고 주장하는 것 자체가 말이 되지 않는다. 하지만 도박에서는 다르다. 복권 당첨금이 변동하는 것은 복권이 존재하는 데 필수 요소다. 누군가 돈을 내면 누군가는 돈을 번다. 이때 도박꾼은 숫자를 파는 것이다. 월스트리트의 경우, 그게 바로 인터내셔널 페이퍼International Paper IBM, 제너럴 모터스다. 이 과정에서 누군가는 자신이 투자한 돈보다 더 많은 돈을 벌기도 한다.

한 중개인의 차트를 살펴보자. 1936년에서 1960년 사이 IBM 주가는 378달러에서 400달러 사이에서 다양한 움직임을 보였다. 1961년 최저가는 387달러, 최고가는 놀랍게도 607달러였다! 1962년 1월 최고가는 587달러 50센트, 6월에는 300달러로 떨어졌다가 12월 말에는 392달러까지 올랐다. 이 글을 쓰는 현재 IBM 주식은 510달러에 팔리고 있다.

[그래프 1] IBM의 주가 추이

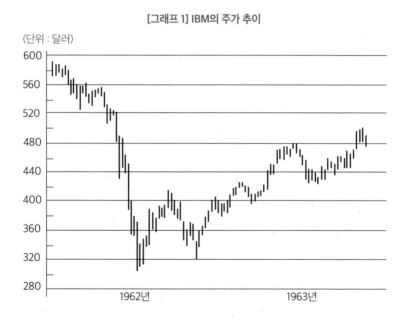

(단위 : 달러)

동시에 IBM의 주당 수익은 다음과 같다.

1961년	7.52달러
1962년	8.72달러
1963년	10.00달러(추정치)

해가 지날수록 전년보다 수익이 늘고 있다.

주식 가격은 왜 이렇게 심하게 변동하는 것일까? 한눈에 봐도 IBM 차트는 논리적이지 않다. 게다가 주가 변동은 IBM과는 관계가 없었다. 롤러코스터 같았던 가격은 뉴욕증권거래소 내 IBM의 가격 변동에 따라 달라진 것이다.

IBM은 주당 4달러의 연간 배당금을 지급했다. 주식 가격의 1%도 안 되는 금액이다. IBM의 주가 움직임과 관련, 여기에는 큰 의미를 두기 어렵다. 그 누구도 1%를 벌기 위해 돈을 투자하지는 않을 것이기 때문이다.

분명한 사실은 누군가 IBM을 300달러, 600달러, 또는 그 어떤 가격에든 사들이며 나중에 가격이 오를 거라는 단순히 내기를 하고 있다는 것이다. 이는 대부분의 투기성 주식에도 동일하게 적용된다. 그리고 내 생각에 거의 모든 보통주가 투기성 주식이다. 다시 말해 주가는 언제든 올라갈 수도, 내려갈 수도 있다.

이 글이 도박과 주식시장에 대한 고찰이라 여겨질 수도 있다. 우울하라고 하는 소리가 아니다. 상황의 본질을 강조하기 위한 것이다! 시장에서 쌓은 내 경험은 이익을 위해 주식을 사고파는 사업에 접근하는 합리적인 방법이 하나뿐이라는 걸 가르쳐주었다. 일단 내가 무엇을 사고 무엇을 다시 팔고 싶은지 아주 철저하게 이해해야 한다. 이와 관련, 내가 발견한 세 가지 단계는 다음과 같다.

1. 주식을 산다는 건 카지노에서 칩을 바꾸는 것과 같다.
2. 목표는 주변 도박꾼들의 투기로 인해 만들어진 가격 변동을 이용해 더 많은 돈을 버는 것이다.
3. 하지만 다른 사람들 역시 같은 목표를 갖고 있으므로, 내 게임에 대한 확신이 있어야 한다.

주식시장에서 내가 배운 첫 번째 교훈은 캐이랜드 마인스와 관련 있다. 앞서 언급한 대로, 월스트리트의 격언과 달리 너무 빨리, 그리고 너무 자주 움직이면 이익을 내더라도 오히려 손해를 볼 수 있다. 그건 내가 돈을 벌든 잃든 항상 생기는 수수료 때문이다.

전체 투자금에서 수수료가 차지하는 비중을 보면 물린 상처가 작다고 생각할 수도 있지만, 일정한 속도로 계속 상처가 생겨난다고 생각해보라. 카지노에서 도박하기 위해 지불하는 '입장료'는 가장 중요한 항목으로 고려해야 한다. 시장을 깊이 들여다볼수록 월스트리트라는 카지노에서 중개인이야말로 가장 영리한 딜러라는 사실을 깨닫게 된다.

The Dealers

정직한 딜러도
나쁜 조언을
할 수 있다

기업은 주식 발행에 대한 몫이나 수수료를 받는다. 주식 중개인은 수수료를 받는다. 그리고
트레이더들은 도박할 '주식'을 얻는다. 이들은 투기의 끝없는 순환 속에서 제3자에게 주식
을 더 높은 가격에 팔 수 있을 거란 희망에 기댄다. 이게 주식시장의 본질이다.

좋은 종목과 나쁜 종목은 없다.
단지 주가가 오르는 종목과 하락하는 종목만 있을 뿐이다.
주식은 단순한 수요와 공급의 법칙에 기초해
시장에서 얻을 수 있는 가치 외에 본질적인 가치가 없다.

주식시장에 처음 발을 디디고 나서 1년 동안 나는 심각한 문제들에 직면해야만 했다. 지금 돌이켜보면 나의 기본적인 문제는 주식의 본질과 시장, 그리고 시장을 움직이는 사람들의 역할을 잘못 이해한 데서 기인했다. 결론부터 말하자면, 나는 주식 1주가 기업의 실제 소유권이라 생각했다. 따라서 주식 가치는 해당 기업의 상대적 번영에 따라 증가하거나 감소하고, 주식시장은 이런 기업들이 필요로 하는 자금을 제공하기 위해 존재하는 것이라고 이해했다. "당신은 우리 기업의 주주입니다"라는 뉴욕증권거래소의 슬로건처럼 말이다.

주식시장에 대해 심사숙고해보기 전까지는 이 모든 것이 당연하게만 느껴졌다. 짧다면 짧고 길다면 긴 1년의 시간 동안 나는 몇 가지 정보와 직감에 의지해 때로는 적중하거나 때로는 빗나가는 주식들을 샀다. 이익을 내봤자 그저 "시장 감각을 배우는 중이었다"고 자위할 수준이었다.

나는 주식이 산업을 대표한다고 생각했다. 업계의 흐름을 철저히 연구해서 어떤 산업이 강하고 어떤 회사가 유망한지 찾아내 그 회사의 주식을 사야 한다. 특정 산업이 번창하고 있고, 그 산업 내 어떤 회사가 눈에 띌 만큼 두드러진 성장세를 보인다면, 논리적으로 그 회사의 주가 역시 올라야 한다. 이 논리에는 전혀 문제가 없어 보였다. 앞서 말한 3단계처럼 내게 있어 가장 좋은 주식은 가장 번영하는 산업에서 가장 번창하는 회사들 중 가장 부유한 회사의 주식이었다. 이렇게 정리된 생각에 나는 확신에 가까운 믿음을 가지고 있었다. 그에 따라 이번엔 추측보다 사실에 입각한 선택을 했지만, 그럴 때마다 거의 즉시 장애물에 부딪혔다.

경제전문지《배런스》의 주가를 바탕으로 몇 달 동안 매주 가격을 비교해보면서, 나는 제대로 된 중개인이라면 누구나 말해줬을 법한 교훈을 얻을 수 있었다. 자본과 수익이 가장 많고 배당금 지급 이력이 가장 긴 우수한 기업의 주식은 가격 변동이 가장 적었다. 일부 종목, 특히 선호 종목은 거의 변화가 없었다. 변화가 없으면 이익도 없어야 하는 게 아닌가. 어쩌면 내가 잘못 짚은 것 같다는 생각이 들었다.

가격 변동에 대한 나의 연구는 또한 배당, 수익, 안정성 및 유사한 요인 측면에서 등급이 동일한 주식이 서로 완전히 다른 행보를 보일 수 있다는 것도 가르쳐주었다. 모든 관점에서 완전히 동일해 보였던 세 종목 중에서 두 종목은 제자리걸음을 하거나 심지어 하락세를 보이는 반면, 한 종목은 확실한 원인 없이 예상치 못한 상승세를 보이기도 했다. 여기에는 분명히 내가 고려하지 못한 요인이 있을 것이다. 하지만 이런 부분은 주식 정보서나 연례 보고서에서는 찾을 수 없었다.

주가에 크나큰 영향을 미칠 것이라는 뚜렷한 확신은 없었지만, 한 가지 단서가 눈에 띄었다. 소위 '품질'은 주가가 어느 방향으로 흐를지 보여주는 확실한 지표는 아니지만, 어느 정도 관계가 있다는 걸 알아차렸다. 주식은 절대 진공 상태에서 거래되지 않았다. 다양한 산업군에 추종자-리더 관계가 형성되어 있었다. 매일 쏟아지는 주식시장 보고서와 저녁마다 듣는 라디오를 통해 이런 사실을 알아낼 수 있었다.

"오늘은 석유 종목 주가가 뛰었습니다"라는 말을 들었다고 치자. 다음과 같은 보도가 이어진다. "뉴저지 스탠더드 오일 Standard Oil of New Jersey이 63센트, 소코니Socony가 ·25센트 상승했고 싱클레어Sinclair 역시 소폭 상승했습니다. 비금속 분야는 약간 하락세를 보였고, 섬유업종은 강세를 보였습니다." 이런 뉴스를 듣고 《월스트리트 저널》을 연구하면서 나는 시장의 움직임에 대해 배웠다. 처음에 한 종목이 성장하고 뒤이어 다른 종목들이 뚜렷한 오름세를 보였다. 마치 돌고래 떼가 한 번에 한 무리씩 떼를 지어 다니는 것 같은 모습이었다.

특정 산업에 속한 한 주식의 정보를 분석하다 보면 같은 그룹에 속한 다른 주식들도 이런 움직임에서 이익을 얻는 것처럼 보였다. 그 이유는 충분히 추측할 수 있었지만, 어찌 됐든 주식시장을 관찰할수록 매력이 느껴졌다.

나는 회사의 보고서, 재무제표, 배당표, 주가수익비율, 이익률에 관한 수치 등 소위 주식 거래의 '기본'이 되는 자료를 자세히 살펴보았다. 그 결과, 내가 찾아낸 최선의 방법은 시장 전체의 관점에서 여러 그룹의 주식들이 움직이는 방식을 알아내고 그에 따라 논리적인 방식으로 접근하는 것이었다. 나는 가장 활동적이고 강세를 보이는 산업을 선택한 다음, 그 집단에서 가장 강세를 보이는 한 회사를 선택했다. 내가 틀릴 가능성은 거의 없다고 생각했다. 필요한 건 세부 사항에 대한 세심한 분석뿐이었다. 나는 내 능력을 확신했다. 나는 시장 전문가로서 첫 발을 떼었다고 확신했다.

적당한 상황, 적당한 순간에 내가 찾던 회사를 발견했다. 바로 존스 앤 러플린 철강Jones & Laughlin Steel이었다. 미국 경제 전체의 핵심은 아니더라도 핵심 산업에 속해 있고, 이익이나 주가수익비율, 배당금의 정기 지급, 그리고 기타 '기본(펀더멘털)'적인 요소가 상위권에 근접했다. 내가 보기에 존스 앤 러플린 주가는 합리적인 수준이었다. 다른 철강주들과 하나하나 비교해봐도 10~20포인트 더 높은 가격에 거래되는 등 괜찮은 주식 같았다. 게다가 철강 산업은 시장에서 전반적으로 큰 힘을 발휘하고 있었다. 존스 앤 러플린이 전반적으로 호조를 보여서 가치를 인정받는 것은 시간문제라는 생각이 들었다. 모든 관점에서 볼 때, 대단한 거래가 될 게 틀림없었다.

나는 내 추론에 강한 확신을 가졌다. 다른 사람들이 눈치채기 전에 조금이라도 빨리 초반에 자리를 잡아야 했다. 내 인생을 그 회사에 걸었다. 그만큼 진심이었다.

나는 중개인에게 전화를 걸어서 존스 앤 러플린 1,000주를 매수하겠다고 했다. 가격은 1주에 평균 52달러 50센트 정도였다. 70% 마진 거래 조건(거래 대금에 대한 보증금, 위탁보증금 − 옮긴이)으로 내가 입금해야 할 금액은 총 3만 6,856.61달러였다. 이 금액을 마련하기 위해 사실상 내가 가진 전부를 쏟아부어야 했다. 내가 가진 모든 자본이자 내가 빌릴 수 있는 전부가 필요했다. 월급은 몇 주 미리 당겨 받았고, 라스베이거스에 소유하고 있던 부동산도 일부 저당 잡혔다.

나는 목구멍 끝까지 몸을 담갔다. 내 계산이 틀린다면 물에 빠져 죽을 수밖에 없었다. 그런데 이상하게도 전혀 불안하지 않았다. 내가 그토록 열심히 공부한 펀더멘털은 존스 앤 러플린이 틀림없이 상승할 것이라고 말해주었다. 내가 계산한 바로는 적어도 1주당 75달러 이상 가치가 있었다. 나는 존스 앤 러플린이 진정한 가치를 실현하기를 자신 있게 기다렸다.

그런데 얼마 지나지 않아 내 계산이 틀렸다는 생각이 들었다. 어딘가 이상했다. 내가 계산한 바에 따르면 존스 앤 러플린은 분명 주당 75달러 이상 가치가 있는 주식이었지만, 다른 투기꾼들은 그렇게 생각하지 않는 것 같았다. 그들은 내가 지불한 주당 52달러 가치조차도 전혀 인정하지 않았다.

매수 결정을 내린 지 3일 만에 존스 앤 러플린 주가는 미끄러지기 시작했다. 처음에는 분수로, 그다음에는 정수로 떨어졌다. 나는 순식간에 1,000달러를 날려버렸다. 한때 짧은 랠리가 있었고, 약간 설렘을 느끼기도 했다. 그러나 존스 앤 러플린은 8분의 1센트, 2분의 1센트, 1달러, 2달러로 비틀린 하락세를 이어갔다. 3주 만에 주가는 내가 지불한 평균 가격에서 44달러까지 떨어졌다! 내가 아는 한, 이건 바닥이었다. 나는 손해를 고스란히 떠안아야 했다. 수수료와 대출 이자를 포함해 9,000달러가 넘은 손실을 보고야 존스 앤 러플린 주식을 전부 매도할 수 있었다.

이 일로 시장에 대한 나의 접근 방식 전체에 심각한 문제가 있다는 게 명백해졌다. 나름 설득력 있다고 생각했던 논리는 현실에 적용하자마자 단박에 무너져버렸다. 아이러니하게도 펀더멘털에 대한 약간의 지식도 없이 도박처럼 뛰어든 첫 투자에서는 비교할 수도 없을 정도로 좋은 결과를 얻었었다. 스탠더드 앤드 푸어스 S&P, Standard and Poors의 안전 등급인 B+, 6%에 가까운 높은 배당률, 뛰어난 연간 수입 등 추론의 모든 근거에는 아무런 문제가 없었다. 존스 앤 러플린은 강력한 산업에 속한 좋은 회사였다. 게다가 이 회사의 주가는 다른 주식에 비하면 거의 헐값이었다. 그럼에도 불구하고 하락세를 보였다. 대체 어디서부터 잘못된 것일까?

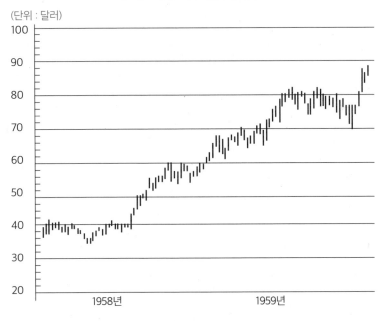

[그래프 2] 존스 앤 러플린 주가 추이

답을 알 수 없었지만, 손실을 만회하기 위해 무언가 해야 한다는 것은 알고 있었다. 나는 시장의 알 수 없는 움직임, 증권 거래소에서 매 시간 나타나는 예측 불가능한 가격 상승과 하락에 대한 단서를 찾기 위해 《배런스》와 《월스트리트 저널》의 주가표를 다시 연구하기 시작했다. 펀더멘털이 아니라면 답은 어디에 있을까?

그러다가 한 종목이 눈에 띄었다. 텍사스 걸프 프로듀싱Texas Gulf Producing이라는 주식에 관심이 쏠렸다. 무엇을 생산하는 회사냐고? 그렇게 자세히 알지 못했다. 기본적인 분석도 하지 않고 관련된 소문도 들은 바 없었다. 하지만 몇 주 동안 주가를 살펴보면서 깨달은 바가 있었다. 어떤 주식은 탁구공처럼 오르락내리락하고 어떤 주식은 거의 움직임 없이 그저 평온한 그래프를 그리는데, 텍사스 걸프 프로듀싱은 꾸준히 상승세를 보였다.

이는 당연히 중요한 요소였다. 텍사스 걸프 프로듀싱 주가가 계속 오를 거라고 예측할 만한 타당한 이유가 없었지만, 그렇지 않을 이유도 없었다. 나는 다시 한 번 도박에 나섰다. 하지만 이번에는 적어도 게임의 형식을 배운 경주 선수쯤은 됐다. 텍사스 걸프 프로듀싱이라는 이름을 단 말이 경주에서 우승하고 있었다. 이런 움직임을 보이는 데는 분명 이유가 있을 것이다. 나는 다시 한 번 과감히 도전했다. 주가는 37달러 25센트였다.

다음 날, 텍사스 걸프 프로듀싱은 75센트 오른 38달러를 기록했다. 나는 1,000주를 가지고 있었다. 하루 만에 750달러를 벌었다. 나는 마음속으로 '텍사스! 제발!' 하고 외쳤다. 주가는 서서히 움직였다. 38달러 25센트를 지나 38달러 75센트, 39달러, 40달러를 호가했다. 가격이 조금만 빠져도 심장이 철렁 내려앉았다. 정말 경마 같았다! 조금 빠졌다가 다시 슬금슬금 가격이 오르는 걸 봐도 다시 장에 들어오지 못할까 봐 팔 수도 없었다. 마침내 주가가 43달러 25센트를 기록했다. 더 이상 상승을 바라는 건 무리 같았다. 이 정도 수준이면 내가 할 수 있는 최고의 도박이라고 판단했다. 중개인에게 전화를 걸어 텍사스 걸프 프로듀싱 주식을 매도해달라고 했다. 이 매매로 수수료와 양도세를 빼고도 5,000달러가 넘는 이익을 냈다.

텍사스 걸프 프로듀싱을 매매하던 당시에 나는 이 회사가 석유를 캐는지, 1등급 우유를 시추하는지조차 몰랐다. 다만 확실한 건 존스 앤 러플린에서 본 손실을 절반 이상 회복할 수 있었다는 것이다. 다시 한 번 말하지만, 존스 앤 러플린에 대해서는 정말 잘 알고 있었다. 텍사스 걸프 프로듀싱! 내게 이윤을 안겨준 회사. 그게 내가 이 회사에 대해 아는 유일한 것이었다. 똑같이 매력적인 펀더멘털을 가진 다른 회사는 정체를 보였는데, 왜 텍사스 걸프 프로듀싱만 오름세를 나타냈는지 나는 지금도 여전히 이유를 알 수 없다.

물론 의심할 여지가 없는 이유가 있긴 하다. 주식에 대해 내가 아는 훨씬 더 많이 알고 있는 내부자들이 매수했을 것이다. 분명히 누군가가 텍사스 걸프 프로듀싱 주식을 매수하고 있었다. 그렇지 않으면 주가가 상승할 리 없었다. 분명히 이유가 있을 테지만, 내가 분석해낼 수 없는 이유였다. 그리고 굳이 내가 그 이유를 알 필요도 없었다.

[그래프 3] 텍사스 걸프 프로듀싱 주가 추이

당연히 앞으로도 주식을 매수할 때 해당 기업의 강점, 전망,

그리고 재무 상태에 계속 관심을 가질 것이다. 그러나 이러한 요소들을 파악하는 게 내가 추구하는 빠르고 실질적인 이익으로 이어지리라고는 결코 기대할 수 없다. 따라서 나의 주된 접근법은 매일의 주가표에서 볼 수 있는 것처럼 시장 자체 지표에 따라 행동하고 이전의 가격 움직임을 주의 깊게 연구하는 것으로 정리했다. 다시 말해, 나는 주가 움직임과 실제 성과를 바탕으로 유력한 우승자가 있는지 그 분야를 면밀히 조사했다.

사육 과정과 훈련 정도, 기수의 명성, 그리고 말이 먹는 귀리의 종류가 모두 최상급인 것은 중요하지 않다. 첫 번째 규칙은 달리는 말에게 돈을 거는 것이다. 내가 눈여겨보던 말이 약해지면 당연히 다른 선두 주자를 찾아야 한다. 나는 여전히 1등을 찾아내는 과학적인 방법을 알지 못하지만, 중요한 교훈을 얻었다. 이론에 대한 윤곽이 어렴풋이 보이기 시작했다.

한마디로, 사업과 주가는 별개다. 내가 경험한 바와 같이, 산업이나 기업은 주가가 폭락하는 동안에도 호황을 누릴 수 있고, 오히려 일어날 수도 있다. 증권업계가 추천하는 소중한 경제지표에 확실한 필승법은 없다. 어쨌든 나는 주식시장에 대한 귀중한 단서를 얻었다. 앞으로 주식시장을 대하는 데 있어 다양한 업종에 따른 사업적 특색 따위는 젖혀놓고 거대한 카지노의 화이트, 레드, 블루칩 같은 실용적인 목적으로 주식을 파악하기로 결심했다(카지노에서 보통 화이트칩은 1달러, 레드칩은 5달러, 블루칩은 25달러의 가치를 지닌다. 저자는 주식의 우량한 정도를 카지노 칩의 색깔로 표현했다 - 옮긴이).

내가 살펴볼 주식의 가치는 어느 정도가 되어야 하는가? 나는 S&P 같은 가이드북으로는 이를 정확히 알 수 없다는 것을 알게 됐다. 내가 살 때 지불한 가격과 칩을 현금으로 바꾸어 얻는 가격이 정확하게 같은 가치를 가져야 한다. 하지만 주식에서 좋은 종목과 나쁜 종목은 그런 게 아니다. 단지 주가가 오르는 종목과 하락하는 종목만 있을 뿐이다. 주식은 발행하는 기업이나 그 기업이 대표하는 산업과 어떤 관계가 있든 간에 단순한 수요와 공급의 법칙에 기초해 시장에서 얻을 수 있는 가치 외에 본질적인 가치가 없다.

이것은 시장에 대한 실용적인 접근 방식이다. 적어도 내게는 평범한 달러와 센트가 엄청난 가치를 일궈낼 수 있다는 증명이었다. 당시 나는 너무 바빠서 시장 이론에 관심을 갖지 못했다. 다시 말해, 내게는 '왜?'라는 궁금증이 없었다. 하지만 이후, 나는 주식시장에 대한 나의 철학을 철저히 재검토했고, 몇 가지 결론에 도달했다. 이는 많은 전문 중개업자들이 확인해준 바와 일치하는 견해이기도 했다. 비록 후자는 누구도 말하고 싶어 하지 않는 충분한 이유가 있는 것이었지만 말이다.

첫째, 뉴욕증권거래소의 슬로건인 "당신은 우리 기업의 주주입니다"라는 말은 순전히 헛소리다. 이는 주식의 우량한 정도에 따라 나뉘는 칩 색깔의 불확실한 실적을 설명하려는 목적에 불과하다. 다시 말해, 열심히 번 돈을 불확실한 기업에 투자하게끔 만드는 광고 문구일 뿐이다.

둘째, '주식시장'이라고 총칭되는 거대한 기업의 전체적인 목적은 그것을 운영하는 사람들을 위해 최대한 많은 양의 매매가 이루어지도록 해 가능한 한 많은 수수료를 발생시키는 것이다.

주식을 발행하는 기업의 관행에 복권용 칩을 제공하는 것 외에 다른 기능은 없다고 주장하려는 게 아니다. 주식 매각을 발행하는 것은 분명히 새로운 기업에 자금을 조달하고 제한된 범위 내에서 기존 기업의 확장 비용을 충당할 수 있는 좋은 방법이다.

주식을 발행하는 것은 사업과 관련된 리스크를 쉽게 공유할 수 있는 방법이라는 점에서 더욱 가치가 있다. 사업이 성공하면 당연히 결과도 좋다. 회사는 배당금을 지급하기로 결정해서 주주에게 변제해줄 수 있다. 그런데 그렇게 하지 않을 수도 있다. 얼마나 많은 회사들이, 특히 주식을 '장외에서' 파는 회사들이 배당금을 전혀 지급하지 않고 있는지 알면 깜짝 놀랄 것이다. 만약 사업이 실패한다면? 그냥 묻어야 한다. 국가 경제를 위해 내 역할을 다했다는 것을 증명하기 위해 멋지게 인쇄된 증서를 몇 장 산 것뿐이다. 도박의 기념품으로 간직하면 그만이다.

물론 증권거래소에 상장된 기업 중 파산하는 기업은 그리 많지 않다. 뉴욕증권거래소는 100만 달러 규모의 기업만을 위한 독점적인 거래소다. 대부분의 기업이 꽤 정기적으로 배당금을 지급한다. 상장 조건을 계속 유지하기 위해서라도 배당금을 지급하는 것은 필수적이다. 하지만 뉴욕증권거래소의 기록 자체를 보면 배당은 그리 매력적인 조건이 아니다. 1961년에 상장된 보통주의 평균 배당률은 3.3%에 불과했다. 은행에 예금으로 돈을 넣어놓고 이자를 받는 게 더 나은 수준이다. 게다가 이건 실제로 배당금을 지불한 보통주만을 대상으로 계산한 것이다.

이 모든 과정이 주식을 파는 기업에 매우 편리하게 이뤄져 있다. 월스트리트에는 이런 회사들을 비꼬는 냉소적인 격언도 있다. "왜 파산하려고 합니까? 상장하세요." 과연 이게 무슨 뜻일까? 주식시장에 상장하는 것은 기업이 필요로 하는 자금을 얻는 수단에 다름 아니라는 것을 의미한다. 그것도 완전히 공짜로. 게다가 상환해야 할 어떠한 의무도 지지 않는다. 발행자는 주식 발행에 대한 몫이나 수수료를 받는다(또는 둘 다 받기도 한다). 주식과 관련한 모든 후속 거래를 처리하는 주식 중개인은 수수료를 받는다. 그리고 트레이더들은 도박할 '주식'(즉, 칩)을 얻는다. 이들은 제3자에게 주식을 더 높은 가격에 팔 수 있을 거란 희망에 기댄다. 바로 투기의 끝없는 순환 속에서 말이다. 이게 내가 깨달은 주식시장의 본질이다.

남해포말사건(18세기 초 영국 남해회사 주가를 둘러싼 투기 사건 – 옮긴이), 네덜란드의 튤립 무역*, 폰지 사기**, 그리고 대공황으로 인한 연쇄 부도처럼 시장은 하나의 신념에 의해 움직이기도 한다. 때로는 사슬이 끊어지고, 자신감을 잃고, 카드로 만든 성 전체가 무너지고, 또 다른 월스트리트의 붕괴가 일어나기도 한다. 그리고 난 뒤에는 모든 것이 다시 시작된다.

나 같은 투기꾼들에게는 다행스럽게도 주식시장에는 폰지 사기나 대공황, 라스베이거스의 카지노에는 없는 몇 가지 요인이 있는데, 이는 월스트리트라는 도박장을 안정시키는 데 도움이 된다. 이런 요인들은 주식시장이 계속 호황을 보이다가 불가피하게 붕괴를 맞이하고 나면 비교적 빨리 회복될 수 있도록 도와준다.

이러한 요인들 중 하나는 많은 소규모 투자자들(그리고 일부 대규모 투자자들)이 빨리 치고 빠질 목적으로 주식을 사지 않는다는 것이다. 이들은 배당 수입을 얻고, 부분적 인플레이션에 대한 방지책을 마련하기 위해 주식을 구매한다. 인플레이션으로

---

* 네덜란드의 튤립 무역 : 17세기 네덜란드에서 튤립 구근을 둘러싸고 벌어진 투기 과열 사건.

** 폰지 사기 : 1920년 미국에서 찰스 폰지가 벌인 금융 사기. 신규 투자자의 투자 자금으로 기존 투자자에게 배당이나 이자를 지급하는 방식의 다단계 금융 사기를 일컫는다.

상품 가격이 상승하면 주식 가격도 상승할 것이라고 보는 것이다. 이런 매수세는 보통주에 안정적인 시장을 마련해준다. 특히 주가가 침체된 휴식기 이후에는 더욱 그렇다. 투자신탁도 시장이 붕괴된 뒤 바닥에서 매수세가 나타나면서 주가가 다시 상승세로 돌아서는 데 도움이 되는 경향이 있다.

그리고 증권거래소의 중개인인 독립적인 플로어 트레이더들이 있다. 이들 중 많은 이가 일반 대중을 상대로 지속적으로 내기를 건다. 일반 대중이 매수할 때 주식을 공매도하고, 일반 대중이 매도할 때 주식을 사고, 가격이 하락할 때 주식을 매도한다. 이에 대한 근거는 또 다른 냉소적인 월스트리트의 격언에서 찾을 수 있다. "대중은 항상 틀린다."

하지만 증권가에선 이런 말이 일반 대중의 귀에 들어가지 않도록 최선을 다한다. 사실, 돈으로 만들어내는 최고의 광고 문구는 이러한 격언과 반대되는 인상을 전달하기 위해 애쓴다. 광고에 얼마나 많은 돈이 쓰이는지 알고 나면 정말 놀랄 것이다. 얼마나 되냐고? 1962년 메릴린치Merrill Lynch, 피어스Pierce, 페너 앤 스미스Fenner & Smith는 광고와 홍보에 336만 달러를 썼다. 회사의 연말 보고서가 공개됐을 때, 전년보다 수익이 감소한 것으로 나타나자 메릴린치는 이듬해 광고 예산을 100만 달러 더 늘릴 계획이라고 발표했다! 광고는 수지 맞는 장사다. 광고가 없으면 시장에 뛰어드는 대중의 수가 훨씬 줄어들 것이다. 당연한 이야기지만, 일반 대중의 소액 거래가 없으면 수수료도 없다.

뉴욕증권거래소는 중개 수수료가 평균 1% 정도라고 말한다. 거래 단위가 100주 이상인 경우의 수수료다. 단주 거래에는 더 높은 수수료를 부과한다. 1%라니 별거 아니라고 생각할 수도 있다. 솔직히 말하면, 토론토에서 처음 주식시장에 발을 들여놓았을 때 나는 중개인이 수수료를 청구했다는 사실도 몰랐다. 그가 어디서 얼마나 수수료를 뗐는지 생각할 여력이 없었다. 나는 내가 얻을 이익에만 신경이 쏠려 있었다. 당시 내가 보기에 시장 전체의 움직임은 불가사의한 현상 같았다.

게다가 내 중개인들은 선한 사마리안처럼 느껴졌다. 나를 도와주기 위해 불편함을 감수하면서 그 자리에 있는 것만 같았다. 언제까지나 믿을 수 있는 친구처럼! 내가 주식을 매입하고 싶을 때면 그들은 언제나 내 전화를 받아주었다. 그리고 조언 아끼지 않았다. 그토록 친절한 중개인들이 내게 해주지 않은 조언이라고는 "아무것도 하지 마세요. 당장 손을 털고 떠나세요"라는 말뿐이었다. 물론 너무 과한 기대일 수도 있다. 중개인과 임원들은 카지노 운영자나 크루피어처럼 돈을 벌기 위해서 사업을 한다. 그리고 월스트리트에서 그들에게 돈은 수수료를 의미한다.

중개인이나 거래처 임원과 고객 사이에서 수수료가 언급되는 일은 거의 없다. 이는 암묵적으로 이해되는 사실이다. 중개인에게 거래를 마무리짓겠다고 이야기하는 것은 약간 불편한 일이다. 마치 가족 주치의에게 외부 검진용 진료 내역서를 뽑아달라고 요구하는 것처럼 말이다.

이 주제와 관련, 통계로 확인된 사실을 바탕으로 내가 계산한 바에 따르면 뉴욕증권거래소, 아멕스, 그리고 여러 소규모 지역 증권거래소에서 매일 거래되는 수백만 주의 주식들을 곱하면, 중개인이 가져가는 1%의 수수료는 10억 달러짜리 사업에 해당한다. 이는 거대 장외 시장은 고려하지 않은 수치다.

월스트리트에서 중개인이 수수료를 가져가는 것은 카지노에서 게임을 할 때마다 전문 딜러가 수수료를 떼어가는 것과 그 체계가 비슷하다. 카지노의 딜러처럼 주식시장의 중개인은 항상 그곳에 있다. 우리가 주식을 조금씩 살 때와 팔 때, 그리고 주식 양이 많아질 때 수수료의 총액은 커진다. 판돈이 그만큼 불어나는 것이다.

자, 이 모든 것이 어떤 과정을 거쳐 이루어지는지 한번 살펴보자. 뉴욕증권거래소에 상장된 주식의 가격은 최근 2달러를 기록한 매디슨 스퀘어 가든Madison Square Garden부터 주당 1,300달러가 넘는 슈피리어 오일까지 다양하다. 뉴욕증권거래소에는 약 1,300개의 주식이 상장돼 있는데, 현재 평균 주가는 40달러 정도다. 뉴욕증권거래소의 일일 거래량은 500만 주 정도다. 즉, 다음과 같이 생각할 수 있다.

$$5,000,000주 \times 40달러 = 200,000,000달러$$

2억 달러의 1%는 200만 달러다. 내 계산이 틀리지 않는다면 말이다. 내 계산이 맞을까 틀릴까? 당연히 틀렸다! 내 중개인이 내 주식을 판 대가로 평균 1%의 수수료를 받는다면, 내 주식을 산 사람에게 1%의 수수료를 받는 또 다른 중개인이 있다(같은 중개인은 아닐지라도 말이다). 따라서 1%는 2%가 된다. 증권 업계 전체로 시각을 넓혀보면, 상장된 모든 주식에 대한 모든 도박을 다루면서 하루 400만 달러, 연중 250일 거래가 이뤄진다. 오직 뉴욕증권거래소에서 다루는 미국 기업에 대한 수수료만 계산해도 이 정도다.

만약 전문 투자자, 플로어 트레이더 혹은 기타 거래소 회원들과의 거래가 있다고 치자. 이들과의 거래에서 내가 지급하지 않은 수수료의 30% 정도를 합법적인 방식으로 깎았다. 그리고 증권 시세 테이프에 찍히지 않는 단주 거래 수수료에 15%를 더해서 지불했다면? 그 정도 수익만으로도 라스베이거스 카지노의 수입은 우습게 뛰어넘을 것이다.

이게 바로 증권거래소다. 하루에 100만 주를 훌쩍 넘는 거래량과 수십 개의 소규모 거래소. 이곳에서 이루어지는 모든 거래조차 7만 주 이상의 비상장 주식을 별도로 발행하는 장외 시장에 가려진다.

나는 메릴린치, 피어스, 페너 앤 스미스 같은 증권사가 미국의 거대 기업 고객들과 관련해서 수익 면에서 어느 위치에 있는지 알고 싶었다. 내가 알아낸 바는 다음과 같다.

[자료 1] 1961년 기업 이익

(단위: 달러)

메릴린치merrill lynch	22,000,000
앨러게니 철강Alleghany Ludlum Steel	11,690,000
아메리칸 항공American Airlines	7,278,000
아메리칸 스멜팅 앤 라파이닝American Smelting & Refining, ASARCO	21,420,000
아메리칸 비스코스American Viscose Corporation	9,763,000
크라이슬러Chrysler Corporation	11,138,000
아메리칸 컨테이너 코퍼레이션Container Corporation of America	18,200,000
커티스 라이트Curtiss-Wright	5,970,000
더글러스 항공Douglas Aircraft	5,957,000
그레이트 노던 철도Great Northern Railway	18,632,000
허쉬 초콜렛Hershey Chocolate	19,800,000
일리노이 철도Illinois Central	12,715,000
몽고메리 워드Montgomery Ward	15,859,000
노던 퍼시픽Northern Pacific	16,313,000
오티스 엘리베이터Otis Elevator	21,898,000
필립 모리스Philip Morris	21,511,000
폴라로이드Polaroid	8,111,000
스탠더드 브랜즈Standard Brands	18,715,000

유나이티드 항공United Airlines	3,693,000
유나이티드 프루트United Fruit	8,921,000
웨스턴 유니온Western Union	12,226,000
제니스 라디오Zenith Radio	18,015,000

메릴린치의 경우, 1%의 수수료가 놀라울 정도로 복합적으로 작용해 1961년 순이익이 2,200만 달러에 달했다. 1962년 순익은 1961년의 절반보다 조금 더 많은 정도인데, 그 이유는 회사 연례 보고서에 분명히 명시돼 있다.

거래처 54만 개, 회계 담당 임원 2,054명, 부사장 125명 등 직원 8,700여 명, 100여 개 도시에 지사를 둔 메릴린치는 명실공히 세계 최대 증권사다. 하지만 메릴린치 역시 수많은 증권사 중 한 곳일 뿐이다. 이러한 증권사들이 모든 거래에 평균 1%의 수수료를 매기고, 뉴욕증권거래소는 그중 자신의 몫을 받아먹으며 전체 산업을 존속시키고 있는 것이다.

메릴린치는 구세군도 아니고, 수많은 일반 대중 투자자에게 우호적인 주식 중개인도 아니고, 사회복지사도 아니다. 메릴린치가 아무리 투자자들에게 우호적이라고 떠들어댄다 한들 증권사는 구매와 판매, 전환을 통해 '포트폴리오의 균형'을 맞추고자 하는 우리의 결정을 대신해서 판단하는 대가로 수수료를 거둬들이는 게 엄연한 사실이다.

물론, 카지노 딜러와 증권사 중개인 사이에는 중요한 차이점이 있다. 딜러는 보통 월급을 받고 일한다. 우리가 판돈을 전부 잃어 게임이 끝나지 않는 한, 딜러는 게임의 승자를 결정하는 데 개입하지 않는다. 반면, 중개업자는 고객의 구매와 판매 금액에 자신의 지분이 직접적으로 영향을 받는다. 이익이 있다면, 모두 좋은 결과를 얻을 수 있다. 그는 당신에게 매달릴 것이다. 중개인에게 중요한 것은 활발한 구매와 판매, 수수료 지급이기 때문이다.

나는 또 다른 것도 배웠다. 몇 푼 이익을 남기는 게 고작이었지만, 시장을 들락날락하는 것은 꽤 신나는 일이었다. 수많은 거래를 하면서 나는 투자 감각을 얻을 수 있었다. 물론 수수료나 세금과 관련된 유쾌하지 않은 지식도 얻었다. 이는 내 중개인에게 더 없이 반가운 일이었을 것이다. 어쨌든 그는 내가 거래에 나서겠다고 할 때 절대 말리는 법이 없었다. 변변치 않은 수익을 쫓으며 시장을 들락날락하는 동안, 나는 내가 이기고 있을 때조차도 사실 시장에 패하고 있었음을 깨달았다. 스스로 훈련하는 법을 배우기 전, 수수료나 세금 등 간접비용을 고려하면 적은 이익을 얻기 위해 시장에 들어갔다 빠져나오는 일이 한두 번만 있어도 월말 대차대조표에는 절대적 적자가 기록되는 경험을 많이 했다.

정직한 딜러도 나쁜 조언을 할 수 있다. 이런 맥락에서 볼 때, 내가 알고 있는 몇몇 중개인은 절대 신뢰할 수 없다. 그들에게는 분명 시커먼 속내가 있었다. 예를 들어, 1955년 뉴욕 주식시장에서 거래를 시작했을 무렵, 나는 한 달 동안 도시를 떠나 있어야 했다. 당시 내 거래를 처리해주던 중개업자를 상당히 신뢰했기에 나는 그에게 계좌의 1만 달러를 자유롭게 운용할 수 있는 권한을 줬다. 그가 거래에 신중하게 임하리라 믿었던 것이다.

그해는 전후 알루미늄 주식의 유행이 시장을 지배한 해였다. 알루미늄은 그야말로 미래의 금속이었다! 비행기뿐만 아니라 건물, 자동차, 가구, 유모차 등 모든 것이 알루미늄으로 만들어졌다. 전 세계가 알루미늄으로 재탄생할 것처럼 보였다. 알루미늄 주식은 하루가 다르게 하늘 높이 치솟았다. 내 중개인 스미스는 당연히 알루미늄 관련 주식을 샀다. 그리고 팔았다. 그리고 다시 마음을 바꿔 사들였다. 한 달 후 뉴욕으로 돌아왔을 때, 나는 그가 나를 대신해 다음과 같은 거래를 해왔음을 알게 됐다.

카이저 알루미늄Kaiser Aluminum 주식을 49달러에 사서 51달러에 팔고, 주가가 48달러로 잠깐 떨어지자 다시 사들였다가 49달러에 판 다음 카이저를 버리고 제약회사 셰링 코퍼레이션 Schering Corporation 주식을 22달러에 샀다가 28달러에 팔았다. 이후 카이저 주식을 주당 60달러에 매수했다가 62달러에 팔고 다시 셰링 주식을 매매해서 조금 이익을 봤다. 그동안 카이저와 셰링은 천장 없이 계속해서 상승 곡선을 그렸다! 더군다나 실망스럽게도 스미스는 내가 맡긴 1만 달러 중 일부를 그가 선호하는 철도 주식에 투자해 주당 28달러에 샀고, 그 주식이 27달러, 26달러, 25달러, 24달러로 떨어지는 동안 별다른 거래를 하지 않고 묻어뒀다.

그는 나를 대신해서 총 40건 정도 매수와 매도를 했는데, 시장에서 오름세를 보이고 있는 두 주식을 샀다가 팔았다가 하면서 하락하고 있는 주식에는 굳이 암울하게 매달렸다! 내가 뉴욕에 돌아왔을 때 그는 카이저와 셰링 주식을 모두 팔아치운 후였지만, 철도 주식은 하락세를 보이는데도 불구하고 계속 보유하고 있었다. 중개사로서 그가 팔아야 한다고 조언해도 모자를 판이었지만 나는 오히려 그에게 "걱정 마, 금방 오르겠지"라고 위로하며 마음속에서 울려나오는 경고의 소리를 무시했다. 그가 알루미늄 회사와 제약회사 주식을 계속 사고 판 이유는 "차익을 얻기 위해서"였다. 아울러 그는 나에게 손실을 주고 싶지 않았기 때문에 떨어지는 철도 주식을 계속 보유하고 있었다고 설명했다. 이때 내가 얻은 이익은 총 300달러였다. 반면 스미스가 수수료로 얻은 이익은 3,000달러였다.

그가 카이저 주식을 매수해서 계속 보유하고 있었다면 상황은 크게 달라졌을 것이다. 중개인은 수수료로 150달러를 벌었을 것이고, 나는 그가 수수료로 챙긴 3,000달러 정도의 수익을 거둬들였을 것이다.

아마 다른 주식 중개인들도 내 이익을 위해서가 아니라 자신의 이익을 판단의 우선순위에 놓고 내 주식을 처리했을 것이다. 앞서 말했듯이, 중개인의 일은 수수료를 창출하는 것이다. 그의 이익보다 나의 이익을 우선시하리라 기대하기는 어렵다. "이익이 있을 때는 파산하지 않는다"는 월스트리트의 격언은 딜러들에게만 적용된다. 스미스는 그걸 내게 알려주었다. 그는 또한 나에게 커다란 교훈을 주었다. 나 스스로 멋진 보답을 해야 한다는 규칙을 세울 수 있게 도움을 준 것이다.

나는 주가가 오를 때는 절대 팔지 않는다. 왜 이기는 말에서 내린단 말인가? 그리고 나는 하락하는 주식은 절대 잡지 않는다. 뭐하러 지는 패를 잡는단 말인가? 필드를 향해 나아가다 보면 분명 일찍이 멈춰버린 말에 오를 최적의 타이밍이 찾아오게 마련이다.

The Croupiers

시장을 파괴하는 자는 누구인가?

주식시장 조작은 사실상 감시할 수 없다. 아무리 많은 입법기관이나 경찰력을 동원하더라도 결코 해낼 수 없을 것이다. 모든 주식의 '가치'는 인위적이다. 조작에 의해 만들어지는 가격 변동과 수요 공급의 결과 자연적으로 나타나는 가격 변동 사이에는 실질적인 차이가 없다. 어느 경우든 전광판에서 확인할 수 있는 가격 변동은 비슷하다.

시장을 파괴하는 사람은 진정 누구일까?
판돈이 충분한 판이라면 거의 모든 종류의 도박에서
조작은 불가피하다. 그리고 주식시장은 본질적으로
수십억 달러에 달하는 판돈이 오가는 거대한 도박판이다.

돈과 운명에 좌우되는 세상의 모든 도박 게임과 마찬가지로 주식시장 역시 조작 가능성이 있다. 증권거래소 회장과 이사장을 역임한 리처드 휘트니Richard Whitney는 증권거래소를 일컬어 "완벽한 기관, 신이 내린 시장"이라 극찬했다. 그러나 그가 이렇게 시장에 우호적인 판단을 내리기에는 이른 감이 있었다. 그는 고객의 자금 등 566만 2,000달러를 '유용'한 혐의로 기소되고, 그가 운영하던 증권회사는 뉴욕증권거래소 거래 정지라는 법원의 판결을 받았다(1938년 미국 금융시장을 흔들고 금융 개혁, 뉴욕증권거래소 공공기관 전환 등의 원인이 된 '리처드 스캔들'을 말한다).

카지노와 월스트리트 관계자들은 자신들에게 홈그라운드를 철저히 감시할 능력과 권리가 있다고 강하게 믿는다. 지난 30

여 년 동안 월스트리트는 시장에 파장을 미칠 만한 큰 사건이 다른 분야에 비해 비교적 적게 발생하면서 그럭저럭 유지되어 온 게 사실이다. 덕분에 증권업계의 유망한 홍보 시장은 사소한 스캔들을 얼버무리고 전문적인 이미지를 지켜올 수 있었다.

1934년부터 증권거래위원회는 '월스트리트의 감시자'로 여겨졌다. 월스트리트로선 결코 익숙해지거나 받아들이기 힘든 일이었다. 미국 코미디언 윌 로저스Will Rogers의 말처럼 "길거리의 소년들은 길모퉁이 너머에 경찰이 기다리고 있다는 것을 믿고 싶어 하지 않는 법이다." 증권거래위원회는 수백만 명이나 되는 투자자의 재산에 영향을 미치는 시스템의 중대한 결함을 보고할 때도 주식시장을 관리하는 기관으로서 주식시장을 향한 대중의 신뢰를 깨뜨리지 않으려고 노력한다. 하지만 시장에 관한 증권거래위원회의 최근 보고서나 셀 수 없이 많은 개별 조사 보고서를 읽다 보면 분명 누군가 장난질을 치고 있다는 생각을 지울 수 없다. 개인적으로 나는 이런 속임수를 막을 방법이 있기는 한 건지, 의심스럽기도 하다. 월스트리트에서 시장의 경고는 '도박꾼'의 경고라고 읽어야 옳다. 그러므로 늘 유의해야 한다.

시장 조작은 월스트리트에 첫발을 들여놓은 나에게도 약간 영향을 미쳤다. 주식 거래를 시작한 뒤 2년 동안 나는 아멕스에서 대부분의 매입 거래를 했다. 아멕스는 뉴욕증권거래소보다 약간 규모가 작은 시장이지만 미국에서 두 번째로 중요한 시장으로, 다양한 저가 주식 거래가 용이하다는 장점이 있다.

많은 아마추어처럼 나는 다음과 같이 추론했다. 내게는 투자할 자금이 한정적이다. 그러니까 나는 가능한 한 많은 주식을 사들여야 하지 않을까? 싼 주식은 더 많은 사람들이 살 가능성이 높다. 따라서 좋은 기회까진 아니지만 비싼 주식에 버금가는 기회라고 여겼다. 10달러에 매입한 1,000주가 1달러 오르면 그리 큰 수익이 난 것처럼 느껴지지 않지만, 계산해보면 1,000달러의 수익이다. 동일한 자본금으로 100달러짜리 주식을 샀다고 가정해보자. 그 수익률 차이는 굳이 말하지 않아도 엄청나다.

하지만 나는 잘못된 음악에 맞춰 춤을 추고 있는 것이나 다름없었다. 나의 추론은 캐나다의 작은 시장에서 얻은 운에서 비롯된 것에 불과했다. 사실 블루칩에는 소위 '거래 조건'보다 훨씬 더 적극적인 '액션'이 필요하다. 게다가 나는 더 높은 가격의 주식을 사고팔면서 더 많은 수수료를 기꺼이 지급해왔다. 이런 경험 쌓이면서 나는 다음과 같은 결론을 얻었다. 월스트리트에서도 다른 곳과 마찬가지로 몇 푼 때문에 죽고 사는 게 결정된다.

그럼에도 불구하고, 나는 아멕스에서 계속 거래를 했다. 수천 명의 소액 투자자들이 희망을 품었던 것처럼, 나 역시 룰렛처럼 조작 가능한 게임에 도전한 것이라는 사실은 전혀 깨닫지 못한 채였다.

나는 내가 마땅히 받아야 할 것보다 훨씬 운 좋은 결과를 얻었다. 사실 전반적으로 보면 큰 이익을 내지 못한 것도 사실이다. 그러나 한편으로는, 몇 가지 품목에 몇 년간 도박 같은 투자를 했으면서도 심각한 손해를 입지 않고 탈출한 것 역시 사실이다. 그런 품목들 중에는 다음과 같은 회사들이 있었다.

실버 크릭 정밀 회사Silver Creek Precision Corporation

톰슨-스타렛 주식회사Thompson-Starrett co. Inc.

서보 코퍼레이션Servo Corporation of America

스완 핀치 오일Swan Finch Oil Corporation

혹시 위의 회사명을 보고 떠오르는 것이 있는가? 이 회사들의 주식에는 한 가지 공통점이 있다. 모두 아멕스 전문가 제러드 A. 레Gerard A. Re와 제러드 F. 레Gerard F. Re.가 만든 팀이 거래한 주식들이라는 점이다(이름에서 짐작하겠지만, 이들은 부자다. 아버지 제러드 A를 제리라고 칭하겠다).

스완 핀치는 주식시장 역사상 그 어떤 사기꾼보다도 큰돈을 뜯어낸 금융 천재이자 조작의 달인 로웰 비렐Lowell Birrell의 손길이 미쳤던 종목이다. 그가 갈취한 돈은 수백만 달러에 이른다.

비렐은 현재 브라질 리우데자네이루에 머물고 있다.

스완 핀치 사건의 경우, 레 부자는 아멕스에 비렐보다 훨씬 큰 영향을 주었다. 뿐만 아니라 아멕스 외에 다양한 주식과 많은 투자자들에게도 심각한 영향을 미쳤다. 이 사건은 월스트리트라는 카지노의 크루피어*인 주식 중개인(전문가)의 역할이 낱낱이 드러났다는 점에서 주목을 끈다. 나 역시 중개인들이 시장에서 중요한 역할을 한다는 것을 이 사건으로 깨달았다.

카지노의 딜러들은 대중과 직접 거래한다. 증권거래소 회원이나 중개인들은 개인투자자가 할 수 없는 것들을 대신 처리해준다. 쉽게 말해, 이들은 거래소에서 주식을 사고파는 서비스를 제공하고 수수료를 떼어먹는다. 이는 이들에게 가장 중요한 일이기도 하다. 그러나 이 서비스를 단독으로 행할 수는 없다. 수수료를 받고 다른 중개인들의 주문을 수행하기 위해 뛰어다니는 2달러짜리 브로커와 수수료 중개인을 통해 도매로 사고 낱개로 파는 단주 전문 중개인이 모두 섞여 있는 곳이 바로 증권거래소다.

전문가는 자신의 계좌뿐만 아니라 다른 중개인의 계좌도 관리한다. 이들은 제한된 수의 주식을 '전문적으로 거래'하기 때

---

* 크루피어 : 딜러를 뜻하는 프랑스어로 갬블러 뒤에서 충고나 도움을 주는 공모자를 지칭하는 용어였으나 현재는 쓰이지 않는다.

문에 전문가라 불린다. 거래소의 일원으로서 이들의 전통적인 역할은 수요가 있을 때, 자신의 계좌를 이용하더라도 자신이 거래하는 주식을 움직여 시장의 균형을 유지하고, 외부의 매수 주문이 없으면 자신의 계좌를 이용해 주식을 매입하는 것이다. 시장의 관점에서 전문가의 가치를 평가해보면, 인기 종목의 물량이 일시적으로 부족해서 불합리하게 가격이 올라갈 경우 이를 방어하고 충격을 흡수하는 역할을 하거나, 반대로 주식 매도 주문이 쏟아지는데 주식을 매수할 사람이 없어서 발생하는 갑작스럽고 부당한 가격 하락을 방지한다.

이 모든 것은 매우 중요하다. 그리고 자연스럽게, 이런 과정은 전문가에게 큰 권력을 가져다준다. 전문가의 '계좌'에는 다양한 주식의 매물 가격과 매수 주문이 이루어지는 다른 종목의 가격이 기록되어 있다. 다시 말해, 전문가는 나쁜 마음을 먹으면 자신의 주머니에 돈을 쓸어담을 수 있는 여러 가지 조작이 가능한 위치에 있다. 예를 들어, 한 전문가가 자신의 계좌 기록을 통해 소위 손절매 주문이 다른 손절매 주문을 촉발할 가격 수준, 그리고 일련의 매도를 통해 주식 가격을 대폭 떨어뜨릴 수 있는 지점을 알게 되었다고 치자. 이런 종류의 정보는 공매도 기회를 노리는 거래자에게 매우 중요하고 귀중한 가치를 지닌다.

이 전문가는 현재 공시 가격에 차입주를 팔고 가격이 내려가면 다시 사들여 갚는다. 이때 발생하는 가격의 차이가 그에게는 이익이 된다. 가격 추이에 대한 자신의 판단에 따라 행동하는 공매자는 가격이 내려간다는 가정하에 도박을 하는 것에 불과하다. 하지만 전문가의 기록을 보고 얼마나 많은 매도 주문이 들어왔는지, 그리고 어떤 가격에 팔렸는지 알고 있는 공매자는 더 이상 도박을 하지 않는다. 이런 경우, 공매자는 오히려 확실한 정보가 아니면 돈을 걸지 않는다.

이러한 이유로 전문가들이 허가받지 않은 사람에게 자신의 계좌 기록을 보여주는 것은 엄격히 금지되어 있다. 전문가들은 자신이 알고 있는 내부 정보가 부당한 목적으로 이용되는 것을 막기 위해 고안된 여러 규정에 따라 자신의 계좌 정보를 보호해야 한다. 그러나 이러한 규정들에도 불구하고, 때때로 일부 전문가가 규정을 어기는 일이 일어난다. 실제로 증권거래위원회가 연구한 바에 따르면, 시장의 조작에는 거의 필연적으로 전문가의 공모 관계가 수반된다.

증권거래위원회의 보고서에도 언급되어 있듯, 증권거래위원회는 당시 제리와 그의 아들에게 비상장 주식 분배를 맡겼다. 역사상 가장 큰 큐모의 과대 증자(주식 물타기) 사건이었다. 반면 비렐은 1954년 스완 핀치 보통주를 1만 1,682주 취득했다. 이는 당시 발행된 보통주의 3분의 1에 해당하는 양으로, 비렐은 이를 바탕으로 지배 지분을 취할 수 있었다.

스완 핀치는 비렐의 목적을 이루는 데 있어 매우 중요한 종목이었다. 아멕스에서 오랫동안 거래돼온 회사였고 비상장 거래의 특권을 누리고 있었다. 대부분의 다른 법인들과 달리 상장 주식에 필요한 정기 공시를 주기적으로 제출할 필요가 없었다는 뜻이다.

비렐은 기업을 여러 차례 인수하며 스완 핀치 지분을 빠르게 늘려갔다. 기업 인수 비용은 새로 발행하는 스완 핀치 주식으로 지불했다. 증권거래법이 전면 공개됨에 따라 신주를 증권거래위원회에 상장했다면 사람들은 큰돈을 아낄 수 있었을 것이다.

비렐이 스완 핀치를 장악한 직후, 제리와 그의 아들은 다른 전문 브로커가 취급하던 스완 핀치 사주의 전문가가 됐다. 그리고 거의 동시에 찰리 그란데Charlie Grande라는 말 조련사가 조셉탈 앤 컴퍼니Josephthal & Company의 중개인 계좌를 개설했다. 또한 비상장 기업이던 스완 핀치의 신규 발행 주식이 시장에 유입됐다. 비렐이 매도인, 그란데가 명목상 매수인이었다. 그란데는 스완 핀치 주식을 5,000주 매수했다. 증권거래위원회가 나중에 공개한 바와 같이, 실제로는 비렐이 5,000주를 취득한 거였다. 증권거래위원회에 따르면 이 거래는 모두 펜 화재보험 회사Penn Fire Insurance Company에서 조달한 자본으로 이루어졌다. 정말 놀라운 일이다! 펜 화재보험은 비렐의 회사였다. 비렐이 비렐에게 구매 자금을 조달해준 셈이다. 그러므로 실제 주식의 소유자가 바뀌었다고 볼 수 있는지는 의문이 남을 수밖에 없다.

어쨌든, 1만 주는 새 발의 피였다. 이후 스완 핀치 보통주는 여름철 초파리처럼 증식하면서 말 조련사 그란데와 제리 레 가문의 전문 지식을 바탕으로 새로 발행된 주식의 상당량이 거래소로, 그리고 일반 투자자의 손으로 넘어가기 시작했다. 3만 5,000주였던 스완 핀치 보통주는 2년 반 만에 201만 6,566주로 불어났다. 1954년 7월부터 1957년 4월까지 제리와 그의 아들은 이 중 57만 8,000주 이상의 주식을 시장가격으로 분배했다. 금액으로는 총 30만 달러에 이르는 규모다. 이 중 48만 1,900주, 즉 177만 6,099달러가 그란데의 계좌를 통해 이동했다(나중에 그는 약 8,000달러를 가지고 시장에서 빠져나왔다고 증언했다).

1956년 12월 18일부터 두 달 동안 그란데는 스완 핀치 주식 44만 1,000주를 매각해서 그의 친구인 제리와 제리 아들에게 분배했다. 동시에 제리와 그의 아들은 자신들이 운영하는 가짜 계좌 17개를 이용해 다른 주식을 유통시켰다. 증권거래위원회에 따르면 거래된 주식은 대부분 비렐에게 직간접적으로 흘러들어갔다. 이 중 상장 주식은 단 1주도 없었다.

스완 핀치가 누린 비상장 거래가 지닌 특권의 중요성이 이 시점부터 분명해진다. 만약 비렐이 재무 보고의 일반적인 요구 사항을 준수했다면, 과대 증자 작업의 규모를 파악하는 게 분명히 보다 용이해졌을 것이며, 그럼 그의 계좌로 돈이 흘러갈 일도 없었을 것이다. 그러나 엄청난 양의 돈이 그의 주머니 속으로 들어가버리고 말았다.

증권거래위원회에서 그란데가 증언한 내용을 일부 소개한다.

Q. 당신은 스완 핀치 주식 75주를 16달러 80센트 정도에 팔고 같은 양의 주식을 같은 가격으로 다시 매수했습니다.

A. 맞습니다.

Q. 왜 이런 거래를 했습니까?

A. 당시에 제가 이런 바보 같은 짓을 자주 했습니다.

Q. 이런 거래를 한 이유가 있습니까?

A. 이유는 없습니다. 왜 그런 거래를 했는지 저도 설명드릴 수 없지만, 분명한 건 제가 그런 거래를 했고, 정말 재미있었다는 것뿐입니다.

그란데가 단순히 재미로 이런 거래를 즐기는 동안 레 부자와 비렐은 돈을 쓸어담고 있었다. 제리와 그의 아들은 스완 핀치로 총 300만 달러의 수익을 기록했다. 비렐 역시 자기 몫을 챙겼을 게 분명하다. 그러나 제리와 그의 아들이 유통시킨 57만 주의 주식은 신규 발행 주식의 4분의 1이 조금 넘는 양에 불과했다. 증권거래위원회에 따르면 비렐은 단순하게 남은 주식을 빼돌리는 것으로 유통량 문제를 해결했다. 주식은 대부업자에게 150만 달러에 담보로 제공됐다. 채무 불이행 우려가 현실화되자, 대부업체들은 보유 주식이 '불안한' 매물이라는 이유로 증권거래위원회에 상장하지 않고 매도할 수 있는 특권을 주장하며 주식을 떠넘겼다.

증권거래위원회는 사채업자들이 주식을 불법적으로 분배하는 중개인에 불과하다는 주장에 이의를 제기했다. 1957년 4월이 되어서야 마침내 스완 핀치 주식 거래가 모두 중단됐다. 그러고도 1년 반이 지나서야 레 부자는 처벌을 받았다. 그마저도 오직 아버지인 제리만 30일간의 거래 정지 처분을 받았을 뿐이다. 그나마 시기상 상황이 이미 정리된 이후로, 제리가 플로리다에서 보내는 1월 연례 휴가와 거래 정지 기간이 겹쳐 유명무실한 처벌이었다.

레 부자에 대한 기소는 조사가 한참 진행된 후에야 이루어졌다. 아멕스 경영진부터 말단 사원까지 모든 사람을 조사했는데, 이 두 사람 외에도 비슷하게 의심스러운 관행을 보여온 전문가가 많다는 사실이 밝혀졌다. 증권거래위원회의 보고서에 따르면, 2차 발행 공모가를 높이기 위해 다수의 플로어 트레이더들이 톰슨 스타렛 주식 조작에 가담했다고 적혀 있다. 그리고 월스트리트에서 흔히 볼 수 있는 '부도덕한 방법으로 주식 가격을 높이는' 것과 유사한 관행이 다른 12개 종목에도 영향을 끼쳤다는 사실이 밝혀졌다. 이러한 시장 조작이 결코 이례적인 일이 아니라 수년에 걸쳐 행해져온 일반적인 관행이었음을 알 수 있다.

1961년 12월, 아멕스 사장 에드워드 맥코믹Edward McCormick이 모든 책임을 지고 사임하면서, 미국 2위의 증권거래소를 좀먹던 악행의 실체가 드러났다. 9개월 전 자신을 "월스트리트에 온 터프한 경찰"이라고 표현하며 아멕스가 "세계 최고 수준의 청렴한 증권거래소"라고 자랑하던 맥코믹은 다음과 같은 사실이 밝혀진 후 연봉 7만 5,000달러의 자리에서 내려와야 했다.

1. 에드워드 맥코믹은 제리 레 부자가 추천한 주식을 포함해 아멕스에 주식을 상장시키고 싶어 하는 회사들의 주식을 자신의 계좌를 이용해 구입하는 등 수많은 직접적인 이해충돌에 연루됐다.

2. 1955년, 맥코믹은 쿠바의 수도 아바나에서 회사 지사장으로 근무하기도 했던 비렐의 동료 알렉산더 구터마Alexander Guterma를 소개받았으며, 아멕스는 구터마가 도박 빚을 갚기 위해 대출받으려는 5,000달러를 승인해주었다. 당시 구터마는 두 명의 도박사와 손을 잡고 아멕스에 상장하기를 원하는 회사를 찾고 있었다. 그가 주식을 상장시키는 데 실패했다는 사실은 맥코믹의 판단력으로 떨어진 회사의 평판을 회복시키는 데 거의 도움이 되지 않았다. 이 사건은 아멕스에서 벌어진 부정 행위에 대한 대

중의 여론이 회복되는 데 아무런 영향을 주지 못했고, 곧 미국 의회가 75만 달러의 이익금 처분을 시작으로 주식시장 전체에 대한 전면적인 조사를 벌이는 계기가 됐다.

맥코믹 사건에 얽힌 한 가지 일화를 소개한다. 어느 날 저녁 식사를 앞두고 나는 식당 루벤스에서 칵테일을 마시고 있었다. 그때 갑자기 맥코믹이 나타났다. 아멕스 사장이 붉으락푸르락한 얼굴로 목청을 높이며 내게 비난을 퍼부었다. "당신이 누군지 잘 알지! 주식시장에서 200만 달러를 벌었다고? 당신이 출판한 그 빌어먹을 책이 시장에 얼마나 해를 끼쳤는지 당신이 알아?" 그의 목소리는 점점 더 커졌다.

순간 나는 그의 말을 이해할 수 없었다. 그러다가 문득 생각이 났다. 『나는 주식투자로 250만 불을 벌었다』의 높은 판매량은 분명 관계자들을 기쁘게 했을 것이다. 왜냐하면 주식 투자 성공담으로 누군가 주식에 새롭게 관심을 갖게 되었을 수도 있기 때문이다. 예상치 못한 반응도 있었다. 내가 책에 소개한 손절매 주문 방식을 알게 된 사람들에게서, 똑같은 주문이 쇄도했고, 일회성으로 끝나지 않은 연쇄적인 주문에 의해 주가가 하락하면서 연쇄적으로 매도 물결이 일었기 때문이다. 또한 급하게 쇄도하는 전문가의 '장부' 속 손절매 주문이 모두 소진될 때까지 하락폭이 계속해서 벌어지며, 그때마다 주식 가격이 8분의 1 혹은 4분의 1씩 떨어졌다. 물론 공매도를 다루는 트레이더나 값싼 주식을 찾아다니는 사람들이 주식을 사들이면 가격이 다시 올랐다.

뉴욕증권거래소에 비해 상대적으로 거래량이 적은 아멕스 같은 시장에서 빠르고 불규칙한 변동은 환영받지 못한다. 이러한 변동성은 모든 중개인들의 주식 '가치'에 대한 설명을 무의미하게 만들고, 결국 주식시장이 카지노와 다르지 않다는 것을 시장에 보여주기 때문이다. 내 출판물의 직접적인 영향으로, 아멕스 관계자들은 어쩔 수 없이 손절매 주문을 중단시킬 수밖에 없었다. 이 조치는 오늘날까지도 유효하다(뉴욕증권거래소에서는 손절매 주문이 가능하지만, 너무 많은 주식이 이 방식으로 거래되거나 특정 주식에 주문이 몰릴 경우, 일시적으로 중단되기도 한다-옮긴이).

분명히 말하는데, 나는 맥코믹과 친구가 될 수 없었다. 잔뜩 흥분해서 소리쳐대는 그를 진정시키려고 했지만, 헛수고였다. 결국 나는 그에게 단호하게 말했다. "이봐요, 맥코믹. 소란 피우지 마세요. 조용하게 칵테일이나 한잔하러 온 거니 사람 화나게 하지 말고 저리 가세요."

'월스트리트에 온 터프한 경찰'은 잠시 말없이 나를 노려보다가 돌아서서 가버렸다. 여담이지만, 아크로바틱 댄서들이 사람들에게 늘 듣는 말이 있다. 몸이 정말 좋다는 말이다. 그가 그렇게 돌아선 게 꼭 내 말에 수긍해서는 아니었을 것이다.

이 일이 있었던 게 1961년 10월이다. 두 달 후 맥코믹이 아멕스에서 사퇴했다는 뉴스를 읽으며 나는 다음과 같이 생각했다. 시장을 파괴한 사람은 진정 누구일까? 단지 시장의 도덕성을 높이기 위해 과대 증자 이야기를 한 건 아니다. 판돈이 충분한 판이라면 거의 모든 종류의 도박에서 조작은 불가피하다. 그리고 주식시장은 본질적으로 수십억 달러에 달하는 판돈이 오가는 거대한 도박판이다. 증권거래위원회가 생긴 이후, 1929년 대폭락의 여파로 증권거래소는 월스트리트의 거센 반대에 부딪히면서도 많은 법적 규제를 시행해왔다. 증권거래위원회와 싸웠던 증권사들은 이제 증권거래위원회의 존재를 도박같은 주식 거래의 신뢰성을 보존해주는 긍정적인 광고 정도로 간주한다. 비록 예전에 합법이었던 특정한 관행이 지금은 불법이 된 것도 있지만, 증권거래위원회의 최근 보고서가 시사하듯, 대부분의 관행은 그다지 크게 변하지 않았다.

'자금 풀'을 만들고 '더미' 거래를 하기 위해서는 트레이더 사이의 이해관계만 맞으면 된다. 이런 면에서 볼 때 주식시장 조작은 사실상 감시할 수 없다. 감히 장담하건데, 아무리 많은 입법기관이나 경찰력을 동원하더라도 결코 해낼 수 없을 것이다. 내가 나름대로 내린 결론은 그것이 투자자에게는 큰 차이가 없다는 것이다. 사실 내가 발견한 바와 같이, 모든 주식의 '가치'는 인위적이다. 조작에 의해 만들어지는 가격 변동과 수요 공급의 결과 자연적으로 나타나는 가격 변동 사이에는 실질적인 차이가 없다. 어느 경우든 전광판에서 확인할 수 있는 가격 변동은 비슷하다.

플로어 트레이더들과 투기꾼들, 그리고 나처럼 가벼운 마음으로 주식 투자에 나선 사람들은 전문 중개인을 통해 손절매 주문을 현명하게 활용해 스스로를 보호한다. 주가가 미리 정해 놓은 수준까지 떨어지면 매도하는 방법으로 말이다. 자동 손절매 주문을 걸어둔 덕분에 주식시장에서 200만 달러가 넘는 돈을 번 내게 '박스이론'의 발견과 발전은 당연한 결과였다.

내가 아멕스에서 거래하던 때까지만 해도 박스이론은 아직 완성 단계가 아니었다. 하지만 내가 가진 주식을 예상치 못한 가격 하락으로부터 보호해야겠다는 생각은 하고 있었다. 그리고 99%의 경우, 손절매 주문이 심각한 손실에 대한 절대적인 보호책이 될 수 있다는 것도 알았다. 비록 누군가 정확히 규정된 가격으로 손절매 주문을 실행할 것이라고 확신할 수는 없었지만 말이다. 때때로 내가 매도에 나섰을 때 매도 주문이 너무 많이 쏟아지는 경우도 있었다.

이제야 왜 이번 장의 앞부분을 주식시장 조작에 대한 내용으로 채웠는지 설명할 때가 됐다. 아멕스에서 거래하던 때, 내가 모르는 사이에 조작된 주식에 투자한 적이 있다. 전체적으로 볼 때 상승세를 그리는 다른 종목과 별반 달라 보이지 않았다. 스완 핀치도 그런 종목 중 하나였다. 나는 스완 핀치 주식을 조작된 가격이 거의 최고 수준일 때 샀다가 며칠 뒤 가격이 무너지면서 자동으로 팔았다. 다행히 손절매 주문을 걸어두었기 때문에 무시해도 될 정도의 적은 손실만 봤다.

톰슨 스타렛 주식도 비슷하다. 스완 핀치와 톰슨 스타렛 둘 다 무섭게 떨어졌다. 만약 내가 안전장치를 마련해두지 않았더라면, 두 주식의 폭락으로 나는 재정적 파산을 감수해야만 했을 것이다. 이 두 사례에서 나는 손절매 주문의 중요성을 절실히 깨달았다. 나는 이익을 온전하게 보존하기 위해 손절매 주문을 이용하는 법을 배웠다. 내가 산 주식이 상승하는 동안에도 그 이면에서는 손절매 주문이 꾸준히 진행되고 있었다.

구체적인 예를 들어 설명하겠다. 나는 1959년 12월 본 케미컬Borne Chemical 주식을 1,000주 샀다. 주당 28달러 수준이었다. 이후 주가는 꾸준히 상승세를 보이며 34달러, 36달러, 39달러까지 올랐다. 상승세가 계속 이어지자 나는 31달러, 32달러, 37달러에 손절매 주문을 걸었다. 이듬해 1월, 본 케미컬은 39달러 50센트를 찍더니 갑자기 하락세를 보이며 떨어지기 시작했다. 내가 보유하고 있던 주식은 37달러에 자동으로 매도됐다. 매입 수수료를 제하고 이 거래에서 내가 얻은 이익은 8,750달러에 달했다.

내 지인이기도 한 중개인은 당시 내게 본 케미컬 주식은 '뒷

배가 있다'며 적절한 때 빠지기만 하면 좋은 일이 있을 거라고 호언장담했다. 그의 말이 근거가 있는 것인지 아니면 무수히 생겼다가 사라지는 월스트리트의 그렇고 그런 소문 중 하나였는지 나는 알 길이 없다. 확실한 게 있다면, 본 케미컬 주식이 하락세를 이어 나가고 있다는 점이다. 현재 본 케미컬 주식은 1주당 5달러 50센트에 거래되고 있다.

내가 아멕스에서 이익을 본 다른 주식은 다음과 같다.

페어차일드 카메라Fairchild Camera

제너럴 디벨롭먼트General Development

유니버설 컨트롤Universal Controls

내가 본 케미컬 주식을 매입했을 때만 해도 2만 8,000달러 정도의 투자금은 그다지 눈에 띄지 않는 규모의 금액이었다. 당시 나는 유니버설 컨트롤 주식을 6,000주 가지고 있었다. 회사명이 유니버설 프로덕트Universal Products였던 1958년 당시 주가는 1주당 35달러 25센트에서 40달러 선이었다. 사실 처음엔 3,000주 정도로 거래를 시작했는데, 내가 매수하고 얼마 지나지 않아 1주를 2주로 나누는 분할이 이뤄져 내가 가진 주식은 2배가 됐다. 그리고 꾸준히 가격이 상승하면서 1959년 3월 66달러에서 102달러에 이르더니, 어느 순간 갑자기 상황이 역전됐다. 주가가 하락세를 보이기 시작하자 나는 서둘러 손절매주 문 가격을 높였다. 내가 설정한 가격은 86달러 25센트에서 89달러 75센트 사이였다. 최고가보다 12달러나 낮았지만 그래도 평균 판매 가격이 투자금의 2배가 넘는 40만 9,000달러였다.

유니버설 컨트롤은 당시 내가 거래한 수많은 종목 중 하나에 불과했다. 여러 종목을 매수하다 보니 손해를 보기도 했다. 다음은 내가 매수해서 손해를 본 주식과 손해액이다.

아메리칸 모터스American Motors	5,844달러
어드레소그래프-멀티그래프Addressograph-Multigraph	4,453달러
아메리칸 메탈-클라이맥스American Metals-Climax	7,487달러

손실이 쌓이면서 알파벳 순으로 하락세가 이어지는 것 같다는 느낌이 들었다. 가령, 브런즈윅-벌크-콜렌더Brunswick-Balke-Collender의 손실은 5,447달러이고, 워너-램 버트Warner-Lam Bert의 손실은 3,861달러였다.

손실을 감수해야 하는 것은 분명 쓰라린 경험이지만, 이런 경험이 쌓이면서 나는 주식시장이라는 카지노에서 예술사 석사 학위를 취득하고 있었다. 그리고 손실로 인해 고통스러워하기보다는 여유를 갖고 내 길을 개척하기 위해 노력했다. 위에 열거한 손실들은 물론 모든 손실이 첫 투자의 성공으로 자신만

만했다가 쓰라린 실패를 겪으면서 너무나 절망한 나머지 처음에 내게 커다란 이익을 안겨주었던 방법이자 내가 주식 투자에 나설 기반을 만들어준 방법을 버린 결과였다.

아멕스에서 스캔들을 일으켰던 시장 조작이 나에게 어떤 식으로든 큰 변화의 원인이 되었다고는 말할 수 없다. 아멕스가 처음의 매력을 조금씩 잃어버리면서 나는 아멕스에서 조금씩 '거래'를 끊었다. 주가가 정말 가변적이고 높다는 것도 알게 됐다. 이건 모순이 아니다. 간단한 산수에 기초한 사실이다. 내가 산 주식의 가격이 낮을수록 내가 지불한 수수료의 비율은 높았다. 뉴욕증권거래소는 수수료가 평균 1%라고 고지하지만, 바겐세일 사냥꾼들은 훨씬 더 많은 수수료를 요구했다. 극단적인 예로 1달러짜리 주식 100주의 수수료는 6달러다. 비율로는 6%다. 내가 1만 달러를 투자해서 주당 1달러짜리 주식을 매입한다면 내가 지불해야 할 총수수료는 다음과 같다.

100주당 6달러 = 600달러

이해를 돕기 위해 상황을 단순화해보자. 주가가 변하지 않았고 내가 주식을 매도하기로 결정했다고 가정하면 600달러의 수수료가 또 부과된다. 총 1,200달러다. 다시 말해, 한 번의 거래로 내 자본의 12%가 단번에 날아가는 것이다. 이것뿐만이 아니다. 세금도 추가된다. 이렇게 돈이 줄줄 새는데, 내가 과연 주식시장에서 얼마나 버틸 수 있겠는가?

물론 수수료 비율이 금액에 상관없이 6%에 고정돼 있는 것은 아니다. 내가 같은 1만 달러로 100달러짜리 주식을 100주 산다고 가정하자. 이 경우, 수수료는 49달러다. 다시 말해, 매수할 때 49달러, 매도할 때 49달러, 총 98달러를 수수료로 지출해야 한다. 차이가 꽤 난다. 이렇게 수수료를 비교하면서 나는 또 하나 중요한 교훈을 얻었다. 즉, 내가 감당할 수 있는 가장 비싼 주식을 거래하는 게 수수료 면에서는 이익이다.

이에 따르기 위해 나는 유혹을 이겨내야 했다. 시장에서 들썩이는 저가주를 보며 손이 근질거렸던 게 한두 번이 아니다. 그럴 때마다 나는 생각했다. 중개인들이 즐겨 입에 올리는 낮은 가격의 성장주를 거래했을 때 내 계좌에 어떤 일이 일어났는가? 일시적으로 시장이 하락하는 동안 주가가 하락했지만, 시장의 상황이 나아지면 금세 오를 거라는 우량주에 투자했을 때는? 이 점을 항상 기억에 새겨두면서부터는 쥐꼬리만 한 이익을 얻으려 시장을 들락거리느라 수수료로 중개인의 배만 불려준다거나, 섣불리 매도하고 나서 뒤이은 상승세로 인해 이익을 놓치는 일을 막을 수 있었다.

30년 전에 제너럴 모터스General Motors 주식을 주당 5달러에 사서 주식 분할을 거치는 동안에도 흔들림 없이 계속 가지고 있었더라면, 현재 81달러에 팔리는 주식을 여러분 모두에게 6주씩 나눠주고도 남았을 것이다. 만약 30년 전에 내게 투자할 자본이 충분하고 기다릴 여유도 있었더라면 이보다 더 좋은 기회는 없었을 것이다. 모든 게 그러하듯 제너럴 모터스는 분명 좋은 기회였지만, 나는 당시 이렇게 생각했는지도 모른다. "제너럴 모터스? 뭐, 그럭저럭 좋은 회사지. 하지만 뉴욕 센트럴 철도는 어떨까? 1929년에 주당 259달러를 기록했고 34년이 지난 지금, 주식 분할 없이 약 22달러에 팔리고 있는데……."

사실 내 차트는 사상 최고치에 다다랐다가 하락 반전한 뒤 주가가 회복되지 못한 주식들로 가득 차 있다. 주식시장의 최고참들에게 폭발적인 인기를 끌었지만, 지금은 완전히 망해버린 주식을 이야기하려면 뉴욕 센트럴 철도 말고도 두 가지 정

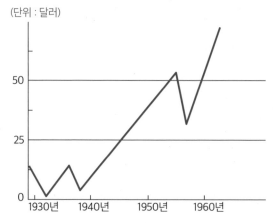

[그래프 4] 제너럴 모터스 주가 추이

[그래프 5] 알코 주가 추이

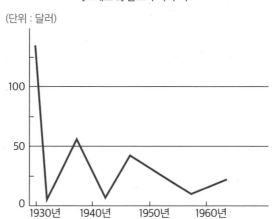

[그래프 6] 아나콘다 주가 추이

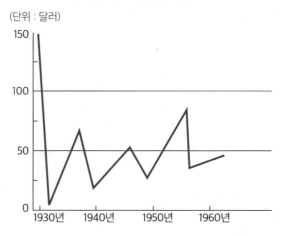

도 더 언급해야 한다. 물론 가끔은 왕년의 영화배우가 컴백해 성공하는 경우도 있다. 정말 '이따금'이지만 말이다. 하지만 고령 배우나 무명 배우를 위한 자리가 과연 얼마나 될까?

어쨌든 성장주에 대한 나의 기억은 그다지 유쾌하지 않다. 1950년대 초 불어닥친 우라늄 붐을 기억하는가? 우후죽순 생겨나던 우라늄 탐사 회사나 미래 지향적인 이름을 가졌던 회사 500여 개가 얼마 지나지 않아 폐업했다. 우라늄 관련주는 모두 헐값이 되었다. 정말 낮은 가격 말이다.

성장주인 우라늄 관련 주식과 마찬가지로, 장난감 풍선은 저렴하고 재미있어 보인다. 그러나 풍선은 쉽게 터지기 마련이다.

같은 맥락에서, 비싼 주식이라고 해서 모두 좋은 주식은 아니라는 것도 알게 됐다. 내가 경험한 바에 의하면, 가격만 보고 주식은 물론 다른 어떤 물건을 사는 것은 어리석은 행동이다. 뉴욕 센트럴 철도는 한때 블루칩이었지만 이제는 다른 오래된 기업의 주식과 마찬가지로 주가가 바닥을 쳤다. 이런 예는 몇 가지 더 있다.

알코ALCO는 1929년 136달러를 기록했고, 1937년 59달러에 팔렸지만, 현재 23달러로 여전히 재기의 기회를 노리고 있다. 아나콘다Anaconda는 1929년 175달러로 사상 최고치를 기록했지만, 현재는 52달러 50센트 정도에 불과하다. 버로 코퍼레이션 Burroughs Corporation은 한때 113달러를 기록했으나 현재 주가는 고

작 23달러다. 한때 131달러를 기록했던 U.S. 스멜팅U.S. Smelting
은 최근 급격한 상승세를 보이고 있지만 131달러에 이르기는
요원해 보인다.

과거의 스타가 화려하게 재기하는 데 성공하는 것은 길고
고단한 과정을 거쳐야만 가능한 일이다. 그나마 성공할 가능성
조차 희박하다. 크게 뒷걸음질친 주식은 대부분 다시 오르지
못하고 묻혀버리고 만다.

시장에선 소위 성장주라고 불리는 주식들이 가끔 생겨나는
데, 그때마다 엄청난 살육이 일어난다. 나도 익히 경험한 바 있
다. 컬러 영화가 영화 산업의 표준이 되기 전 대유행했던 테
크니컬러 같은 매력적인 어제의 주식은 과연 어떻게 됐는가?
1950년대 후반 우주 붐이 일었을 때, 소위 말해서 적절한 시기
에 들어갔다가 적절한 시기에 빠져나온 사람들은 그야말로 횡
재를 잡았다.

나 역시 시장에 거의 알려지지 않은 티오콜Thiokol이라는 종목
덕분에 멋진 기회를 잡을 수 있었다. 1958년 초, 나는 50달러
정도에 티오콜 주식 1,300주를 대량 매입해서 수익이 나자 그
돈으로 이 회사 주식을 더 많이 매수했다. 여기에 그치지 않고
신용을 최대한 활용해서 티오콜 주식을 추가 매수했다. 뜻밖에
3 대 1 분할이라는 행운을 거머쥐면서 나는 이 주식으로 총 86
만 2,000달러의 이익을 얻었다. 바로 여기까지는 사람들이 말

하는 성장이라고 할 수 있다. 단, 티오콜이 헐값이었을 때 산 건 아니라는 이야기를 미리 해두겠다. 만약 그랬더라면 티오콜이 주당 19달러였을 때 사들였어야 한다. 그러나 티오콜 주가가 19달러이던 당시 나는 위조 거래를 잔뜩 경계하고 있었다. 게다가 나만의 박스이론에 따르면 당시 티오콜 주식은 별로 흥미롭지 않은 종목이었다. 하지만 티오콜 주식은 45달러를 넘어서더니 이내 50달러를 찍고 말았다. 상승세는 계속됐다. 주식 분할 이후로도 계속 상승세를 보이면서 72달러 선을 찍고 나서야 내려오기 시작했다. 다시 말하지만, 타이밍이 중요하다. 타이밍은 펀더멘털이나 심지어 '성장'과도 무관하다. 타이밍은 주식시장의 움직임과 관련 있다!

3 대 1 주식 분할 후 티오콜은 주당 68달러를 기록하며 환상적인 행보를 보였다. 그런데 내 친구 중 한 사람이 이 시기에 뒤늦게 장에 뛰어드는 실수를 저질렀다. 그는 티오콜을 주당 65달러에 매수했다. 그는 지금도 티오콜에 여전히 수천 달러의 자본을 묶어두고 있다. 티오콜의 현재 가격은 19달러 정도다.

물론 티오콜 자체는 여전히 성장 중이다. 최근 중요한 정부 로켓 사업 계약을 수주했다. 배당금은 주당 1.10달러 정도다. 내 친구는 이 모든 상황을 감안할 때 꽤 고무적이라고 평가했다. 그의 중개인 역시 티오콜 주식이 시장 가격보다 훨씬 더 '가치'가 있으며, 분명 오를 것이라고 말했다. 그런데 과연 그럴까? 내가 경험한 바에 의하면 주가는 실제 수익과 아무런 관련이 없다(충분한 수의 구매자가 우연히 모두 같은 생각을 하고 신념에 따라 행동하는 경우를 제외하면 말이다). 성장주에서 활발한 투자와 큰 수익을 내는 요인은 성장 자체보다는 성장에 대한 기대감이다.

주식시장의 원칙을 한마디로 요약하면 '싸게 사서 비싸게 팔아라'라고 할 수 있다. 이와 관련, 나는 나름대로의 규칙을 정했다. 가격이 오르고 있다는 지표가 눈에 들어오면 매수한다. 가격이 싸든 비싸든 결코 후회하지 않는다. 크루피어가 운전대를 잡고 있는지 아닌지는 중요하지 않다.

The Touts

4
장

'틀림없이' 오릅니다.
아니면 말고

시장 분석은 하나의 사건이 일어난 이후, 왜 특정 종목이 급상승 혹은 급하락했는지에 대한 설명을 제공할 수 있을 뿐이다. 이야깃거리는 넘쳐난다. 그리고 어떤 경우에도 대부분 합리화할 수 있는 여지가 있다. 진실은 이렇다. 시장은 도박꾼들이 행동하는 대로 움직이고, 도박꾼들이 움직이기 전까지는 그 누구도 시장의 움직임을 예측할 수 없다.

내가 번 돈으로 하는 도박, 그것이 바로 주식 '투자'다.
안타깝게도 카지노에서 조언하는 사람은
보통 도박에 능하지 않은 법이다.
그들의 목적은 수수료를 버는 것이다.
혹은 서비스 차원에서 미래를 점쳐보거나.

뉴욕에서 활동하는 중개인을 한 사람 안다. 굳이 이름을 밝히긴 곤란하다. 그의 가장 큰 장점은 바로 상상력이 전혀 없다는 것이다. 사실 직업상 그에게는 상상력이 별로 필요하지 않다. 그의 역할은 단지 테이블 중간에 앉아 양쪽에서 돈을 거두어들이는 것이다. 이런 일을 하는데 상상력이 필요할 리 없다. 심지어 풍부한 상상력은 단점이 되기도 한다.

　　내 관점에서 볼 때 그는 이상적인 중개인이다. 왜냐하면 그는 정말 정직하고, 절대로 험담하지 않으며, 내가 요구하는 것을 정확히 수행하기 때문이다. 내가 사라고 하면 그는 산다. 내가 팔라고 하면 그는 판다. 내가 주식 가격을 물어보면 그는 대답한다. 자화자찬 같지만 나는 안목 있는 꽤 괜찮은 고객이므로, 그는 충분히 돈을 번다. 내 거래로 인해 그에게 떨어지는 수수료가 한 달에 8,000달러에 육박할 때도 있었다.

하지만 나는 가끔 그 남자의 머릿속에서 무슨 일이 일어나고 있는지 궁금하다. 그는 수년 동안 내 계좌의 일부분을 운용했다. 그는 내가 거래하는 방식을 그 누구보다 잘 안다. 내가 하루에 8만 달러를 버는 것도 지켜보았다. 그리고 그는 여전히 내가 하는 말을 믿지 않는다.

내 생각은 그에게 아무런 의미도 없다. 그의 관점에서 보면 내 말은 모두 잘못됐기 때문에 어딘가 속임수가 있을 것이라고 확신한다. 그는 로스차일드 법칙Rothschild rule에 따라 움직인다. '싸게 사고 비싸게 팔아라'라는 법칙 말이다. 그를 알아온 긴 세월 동안 한 번도 그의 사무실에 찾아간 적이 없지만, 분명 책상 너머 벽에 좌우명처럼 그 말을 새겨놨을 거라고 장담할 수 있다. 다시 한 번 강조하지만, 그는 로스차일드 법칙대로 사는 사람이다. 그는 내가 미쳤다고 생각할 것이다. 왜냐하면 나는 가끔 그 법칙과 정반대되는 행동을 하기 때문이다. 나는 주식을 비싸게 사고, 떨어질 기미가 보이면 바로 팔기도 한다.

이제부터 그를 미스터 X라 하자. 그는 내가 재산을 모으는 것을 지켜보면서도, 여전히 내 방식이 잘못됐다고 생각한다. 왜냐하면 내가 돈을 버는 방법이 그의 신앙에 위배되기 때문이다. 그에게 월스트리트는 카지노가 아니라 교회이고, 그는 독실한 신앙인이다. 그는 "우리 기업의 주주"라는 신념 아래 펀더멘털을 믿으며 주식에 투자한다. 사실 대부분의 주식 중개인이 미스터 X와 비슷할 것이다. 그들은 시장이 어떻게 움직이는지는 잘 알지만, 관찰을 통해 통찰력을 얻지는 못한다. 자신의 직업에 너무 깊이 빠져서 있는 그대로 세상을 읽지 못하는 것이다.

물론 이런 점 때문에 그들을 비난할 수는 없다. 그 이유는 다음과 같다. 첫째, 중개인의 생활은 주식시장이라는 카지노를 계속 유지하는 데 달려 있고, 그들은 본능적으로나 이성적으로나 큰 소리로 손님을 불러 모으는 속임수를 쓸 수 없다는 것을 알고 있다. 사람들은 주식을 사면서 자신이 사는 주식이 복권 이상의 행운을 가져오리란 확신을 얻고 싶어 한다. 중개인들은 고객이 복권 한 장 살 돈을 다른 데 쓸 만한 그럴듯한 이유를 만들어내야 한다. 그래야 계속해서 수수료를 받을 수 있기 때문이다.

둘째, 중개인들은 부잣집에서 떨어지는 콩고물을 먹으려고 부지런히 움직이는 참새처럼, 월스트리트의 호객꾼들이 던지는 조언, 설명, 합리화, 예언, 그리고 광고의 눈사태에 파묻히기 마련이다. 만약 미스터 X가 월스트리트의 진정한 신봉자라면 그는, 그리고 그와 비슷한 중개인들은 금융계의 고위 성직자들, 약사들, 그리고 엉터리 약장수나 마찬가지다.

월스트리트에는 이들 중개인 외에 이런 사람이 있다. 월스트리트의 독점적이고 귀족적인 작은 컨설턴트 클럽의 회원으로 연간 10만 달러 정도 연봉을 받는 시장분석가부터 백만장자의 점심식사 자리에 동석해 주식시장의 동향을 알려주며 주당 150달러의 급여를 받는 증권사 카피라이터까지 다양한 사람들이 존재한다. 녹색 혹은 분홍색 표지의 《핫이슈》《미스터리 주식》같은 주간지를 적게는 1달러에서 비싸게는 300~400달러 주고 사기 위해 달려가는 뻔뻔한 소위 시장 전문가들도 있다.

주식 중개인들은 자기 자신을 촉망받는 직업군의 위엄 있고 똑똑한 일원이라고 생각한다. 매디슨 애비뉴에 걸린 광고의 카피 문구를 보면 알 수 있지만, 대부분의 광고는 이런 이미지를 구축하기 위해 고안됐다. 광고로 미루어 볼 때, 전형적인 주식 중개인은 킬데어 박사(Dr. Kildare, 1930년대 유명했던 영화 속 인물 —옮긴이)처럼 친절하고 박식하며 당신의 금전적 문제를 한눈에 파악하고 문제투성이 재산과 빈약한 주머니를 개선할 처방전을 써주는, 늘 준비되어 있는 일종의 금융 전문가다.

중대한 사회적·경제적 책임을 맡고 있는 직업을 광고한다는 건 자신도 모르게 비밀을 발설하는 것과 같다. 만약 의학계가 이런 광고를 하면 어떻게 될지 상상해보라!

저렴한 비용으로 여드름을 고통 없이 제거!
혈압이 너무 낮다고요? 우리의 신속한 혈액 형성 프로그램을 시도해보세요.

최신 기술과 최신 장비가 제공됩니다. 절단 수술 특가, 이번 주만!

맹장 수술이 그 어느 때보다도 저렴합니다! 치료와 항생제 무료 제공!

말이 안 되는 데다 약간 충격적이기까지 하다. 주식 중개를 단순한 도박장의 부속품이 아니라 사회 서비스로 진지하게 받아들인다면 '당신의 마지막 간 수치 검사는 언제입니까?'와 '투자 포트폴리오 무료 분석, 지금 받아보세요!'라고 적힌 광고에 무슨 차이가 있겠는가? 물론, 다른 점이 있다. 자신의 건강을 가지고 도박을 하는 사람은 없을 것이다. 내가 번 돈으로 하는 도박, 그것이 바로 주식 '투자'다. 안타깝게도 카지노에서 조언하는 사람은 보통 도박에 능하지 않은 법이다. 그들의 목적은 수수료를 버는 것이다. 혹은 서비스 차원에서 미래를 점쳐보거나.

얼마 전 한 가지 사건이 내 관심을 사로잡았다. '금융의 모든 면'을 다룬다고 자부하는 자문 서비스를 제공하는 시장 전문지가 있었다. 그 실체는 고작 5번가의 한 가정집에서 나오는 우편물이었다. 금융 세계 전체를 관찰하고 검토한다고 주장하던 서비스가 사실은 가정집 거실에서 부지런히 자판을 두드리고 우표를 붙여 우편으로 보내는 게 전부였던 것이다. 게다가 그 서비스를 운영하던 남자는 사무실 임대료를 낼 여유조차 없었다. 그의 사업은 오로지 그에게 달려 있었다. 만약 그의 시장 예측이 그가 자부하는 것처럼 가치 있었다면, 2달러짜리 6주 샘플 구독 사업을 벌이는 대신 그가 직접 주식에 투자해 돈을 벌었을 것이다. 이런 사례는 드물지 않다. 인류 역사상 최초의 시장 정보원은 에덴동산의 뱀이었다. 사과에 대한 그의 조언은 다음 세대까지 이어지는 본보기가 되어 오늘날까지 유효한 가치를 지닌다.

다행히도 사람들은 별 가치가 없더라도, 헐값이라면 그게 무엇이든 사려는 본성을 가진 듯하다. 나 역시 한때 광고하는 모든 서비스의 샘플을 구독했었다. 대부분 게임을 성공으로 이끄는 방법에 대해 이야기했는데, 그들의 말을 분석해보니 금세 그것만으로는 구체적인 정보를 얻는 게 불가능하리라는 생각이 들었다.

'시장의 동향을 읽고 그에 따라 매수하세요.' 물론 좋은 말이다. 그런데 이들이 말하는 동향은 대체 언제부터 시작된 움직임을 말하는 것일까? 그리고 어느 정도가 적당한 가격일까? 나는 언제 팔아야 할까? 종종 '성장주'나 '빠른 수익을 내는 주식' 같은 추천 문구가 보였는데, 나중에 주가 움직임을 보면 정반대 결과가 나타나는 경우가 부지기수였다. 한 정보지가 좋다고 하는 주식을 다른 정보지는 깎아내리는 경우도 비일비재했다. 이렇게 저마다 다른 목소리를 내는 정보지들의 의견을 하나로 모아놓은 정보지도 있었다. 마치 일간지의 '종합' 면처럼 말이다.

실제로 이런 정보자를 참고해 내가 매수한 종목 중 몇 가지
는 그야말로 끔찍했다. 내가 정보지에 게재된 전문가들의 충고
를 계속 따랐다면 아마도 그랬을 것이다. 이런 종목 중 하나로
차트와 그래프, 난해한 기술적 분석을 볼 때 엄청난 가치가 있
을 것이라던 에머슨 라디오Emerson Radio 주식이 있었다. 소위 전
문가라는 사람들이 하나같이 입을 모아 주당 12달러인 에머슨
라디오를 두고 곧 30달러까지 오를 만한 '가치'가 있는 주식이
라고 떠들어댔다. 나는 에머슨 라디오 주식을 12달러 50센트라
는 '싼' 가격에 샀고, 가격이 떨어졌을 때 주식을 현금으로 바꿀
만큼 현명하거나 운이 좋았다. 그해 말, 에머슨 라디오 주식은
5달러 75센트까지 떨어졌다. 1956년의 일이다.

1963년 에머슨 라디오 주식은 9달러를 기록했다. 요즘이라
면 이런저런 정보지에서 분명 하락세를 떨쳐내고 언젠가 분명
상승할 거리는 말을 읽어도 놀랍지 않을 것이다. 많은 이들이
언젠가는 분명 그렇게 되리라 믿을 것이다. 하지만 대체 언제
그렇게 될까? 그리고 그 위대한 순간을 얼마나 오래도록 기다
리며 그동안 내 돈을 그 주식에 묶어두어야만 할까?

1957년 도쿄에서 공연하는 동안, 나는 중개인에게 편지로 3
주간 유명 자문 서비스를 전달받았다. 그 서비스는 모든 구독
자에게 담배 회사 로릴라드Lorillard를 매도해야 한다고 강력히 주

장했다. 그때 나는 이미 그 주식에 크게 투자한 상태였다. 내가 매입할 당시 주가는 35달러에서 36달러 50센트 사이를 오락가락했다. 정보지가 매도를 추천했을 때 로릴라드 주가는 44달러였다. 하지만 나는 로릴라드가 평균 57달러 선을 유지할 때까지 기다렸다가 매도해서 2만 1,000달러가 넘는 수익을 거뒀다. 만약 내가 소위 '뉴욕의 점쟁이'들이 특정 종목을 추천하는 말에 조금이라도 귀를 기울였더라면 수익이 1만 7,000달러 정도로 줄어들었을 것이다. 다행히 이 무렵 나는 박스이론을 정립한 상태여서 로릴라드가 수익을 내기 전까지는 팔 생각이 전혀 없었다.

소위 시장 예측가라고 하는 이들은 하나같이 돈을 버는 자신만의 방법을 내세우지만, 그들의 예측과 정반대로 움직여야 하는 경우가 대부분이라고 자신있게 말할 수 있다. 도박판이나 다름없는 주식시장에 뛰어든 개인투자자들을 위한 정보지는 보통 주간지 혹은 연간지 형태로 발행되는데, 그 규모가 수백만 달러에 이르는 거대한 시장이다. 일부 서비스는 개별 주식의 성과를 차트로 보여주거나 비용과 수익을 비교하는 방법으로 고객에게 시장을 관찰할 기술적 도구를 제공하는 등 비교적 객관적인 정보를 제시함으로써 시장의 패자가 되고자 시도한다. 하지만 이런 정보들은 어떤 측면에서 봐도 시장에서 한 번도 들어본 적 없는 것이거나 내부적으로 파악하기 어려운 경우가 대부분이다.

《뉴잉글랜드 카운슬러The New England Counselor》라는 이름의 투자 조언 정보지를 발행한 베테랑 시장분석가 프랭크 페이슨 토드Frank Payson Todd가 대표적인 사례다. 1955년 내가 월스트리트에 발을 들여놓았을 때, 토드는 당시 500달러에 서비스되던 캐나다 재블린Canadian Javelin 금융 프로그램을 평가했다. 얼마 지나지 않아 토드는 캐나다 재블린의 주주가 됐고, 이 회사 간부들에게 7만 500달러를 주고 주식을 1만 7,000주나 사들였다. 증권거래위원회의 기록에 따르면, 매입 가격은 무담보 대출을 통해 충당됐다. 실제로 누구의 주머니에서 현금이 나왔는지는 알려지지 않았다. 어쨌든 토드는 캐나다 재블린 주식을 얻었고, 회사 임원들은 그의 차용증을 받았다. 토드가 캐나다 재블린의 주주가 되자마자 그의 정보지를 구독하던 수백 명의 구독자는 《뉴잉글랜드 카운슬러》에서 캐나다 재블린에 관한 놀라운 소식을 전해듣기 시작했다.

토드는 자신이 가장 선호하던 주식과 관련해서 우편 서비스가 투자 상황의 긴박함을 따라가지 못할 정도로 느리다는 걸 깨달았다. 그래서 그는 캐나다 재블린에 대한 특별 정보지를 전보로 보냈다. 증권거래위원회에 따르면, 캐나다 재블린의 한 관계자는 기쁜 소식과 메시지를 담은 전보를 보내는데 3,700 달러를 지불했다고 말했다.

이 같은 노력에 힘입어 잠시 호황을 누렸던 캐나다 재블린은 여전히 아멕스에서 거래되고 있다. 그러나 회사의 최고 후원자인 토드는 투자 고문들의 윤리 강령을 심각하게 위반했다는 이유로, 1960년 증권거래위원회 등록이 취소되며 업계에서 퇴출당했다.

법규와 증권거래위원회는 공모에 대응해 일반 투자자를 보호해야 하지만, 빠르고 쉬운 돈의 유혹에 눈이 먼 대중을 보호하기란 매우 어려운 일이다. 교활한 주식 판매자들은 말 그대로 누구에게도 팔 수 없는 주식은 없으며, 무엇이든 믿을 수 있는 사람에게 말도 안 되는 불평은 없다고 생각한다. 과학이 기적인 시대엔 모든 것이 기적이다. 비행접시는 왜 안 되겠는가? 달나라 여행은 왜 불가능하겠는가? 1958년부터 1960년까지 뉴욕의 투자자들은 오티스 T. 카Otis T. Carr라는 사기꾼의 이름을 딴 O.T.C. 엔터프라이즈O.T.C. ENTERPRISES에 5만 달러 넘게 투자했다. 이 회사가 우주선을 개발했고, 투자자들을 달로 보내줄 거라는 말을 믿었던 것이다. 그것만으로는 충분하지 않다는 듯, 카는 비행접시를 추진시키는 엔진을 연료 없이 무한정 작동시킬 수 있다고 주장했다! 카가 언급된 마지막 보고서에 따르면 그는 주식 사기로 오클라호마에서 복역 중인데 신기하게도 피해자 가운데 그 누구도 투자한 금액을 돌려받으리란 희망을 갖지 않고 있다고 한다.

1959년 뉴욕증권거래소가 실시한 조사에 따르면 당시 주식을 보유하고 있던 미국인의 40%는 보통주가 무엇인지조차 정확히 몰랐다. 이들은 대부분 적어도 1주에서, 많게는 수십 주의 주식을 보유하고 있었다. 이들은 돈을 지불하고 주식을 샀고, 주식으로 더 많은 돈을 벌고 싶어 했다. 하지만 대부분 주식이 무엇인지조차 설명하지 못했다.

뉴욕증권거래소는 당시 주식을 '조만간 살 생각이 있다'는 128만 명의 사람 중 절반 정도가 보통주 지분에 대한 적절한 정의를 내리지 못한다는 것을 발견했다. 이들은 보통주에 투자할 생각이 있었을까? 물론이다. 여러 가지 정보를 바탕으로 판단하건대, 65만 명 정도의 미국인이 주식 투자를 좋은 것이라고 생각했다. 정확히 어떤 주식에 투자할 계획이었을까? 단단한 벽돌로 포장된 월스트리트가 주식과 관련 있다고 생각할 뿐, 그 누구도 어떤 것을 주식이라고 하는지는 명확히 설명하지 못했다. 상황이 이렇다 보니 당연히 정보 전문가들이 돈을 긁어모을 수밖에 없었다!

월스트리트의 역사를 되짚어서 찾은 첫 번째 시장 예측은 1898년 《뉴욕 타임스》에 실린 헤이트 앤 프리즈Haight & Freese의 은행 및 커미션 주식 브로커의 광고다. 지금과 마찬가지로 미끼는 이익이었다!

1월에 상승장이 오리라는 우리의 믿음에는 강력한 이유가 있습니다.

그리고 거의 공짜나 다름없는 매력적인 제안도 있었다!

우리 회사 '400페이지 매뉴얼' 사서함으로 전화를 걸거나 우편을 보내보세요. 10년에서 길게는 30년간의 주식, 채권, 곡물, 면 등의 최고 가격과 최저 가격, 그리고 매매 방법을 포함한 철도 및 산업 재산의 완벽한 로드맵을 제공합니다.

월스트리트에는 상승을 예측하는 '강력한 이유'가 늘 존재한다. 이런 관점에서 볼 때, 1898년 이후 예전보다 더 고집스럽고 가식적으로 변한 광고 문구를 제외하면 실제로 달라진 건 거의 없는 듯하다.

엄청난 수익 잠재력!
모든 투자자가 반드시 보유해야 하는 주식!
가치 선택!
투자에 성공하기 위한 12가지 방법!
우리는 지금 강세장에 있습니다!

주식시장의 미래를 예측한다고 자부하는 정보 서비스의 독자들은 거의 예외 없이 한 가지 상품 이상을 구매했다. 경주마에게 돈을 거는 도박꾼처럼 판매자들은 승자의 이름을 정확히 예측해낼 수 있다고 주장하며 약간의 요금만 더 지불하면 비밀을 알려줄 것처럼 광고했다. 월스트리트의 광고는 언제나 비가 오지 않고 맑게 갠 강세장을 그리거나 혹은 바로 강세장 직전을 말했다.

성장을 위한 주식!
'잠자는 거인' 산업의 특별한 상황!
특별한 보상까지!

정보를 제공하는 사람들이 이 성장세에 직접 참여해서 잠자는 거인들에게 약간의 돈을 투자하고 엄청난 보상을 긁어모으면 되지 않을까? 왜 자선가처럼 말하면서 다른 사람들에게 특별한 정보를 파는 걸까? 그건 다시 말해 스스로 돈을 투자할 만큼 그 종목이 특별하지 않다는 뜻 아닐까?

예언이라! 참 훌륭하다. 하지만 나는 일간지를 훑어보면서 얼마나 많은 돈을 절약할 수 있을지 깨달았다. 일간지를 보면서 나는 주식이 어떻게 움직이고, 실제로 가장 크게 성장하는 종목은 어떤 종목인지 관찰하면서 잠자는 거인을 내 눈으로 직접 찾아내는 법을 배울 수 있었다.

최근 잘 알려진 시장 예측 서비스 중 하나로부터 다음과 같은 편지를 받았다.

고객님,

주식을 선택하는 데 있어 도움이 되는 나만의 '두뇌'를 바란 적 없으십니까? 단지 생각만 해도, 정보를 입력하는 것만으로도 몇 초 만에 시장을 예측하는 데 있어 매우 중요한 답을 얻을 수 있습니다.

얼마 전, 저희 컴퓨터 '두뇌'가 특별한 문제를 발견했습니다. 저희는 어떤 종목이 최고의 성장 가능성을 가지고 있으며, 다음 구매에 도움이 되는 이슈인지 알아보고 싶었습니다. 그래서 저희는 기계에 풍부한 데이터를 입력했습니다. 그리고 기계가 답을 주었습니다!

미래를 예측하는 점쟁이 산업이 이제 기계화됐다는 뜻이다. 7개월 정기 구독하기 위해 37달러 50센트만 내면 기계가 분석한 모든 성장주 목록을 받아볼 수 있다. 나는 장기적인 주가 상승, 계속해서 '오르고 오르고 또 오르는' 주식의 묘미가 바로 여기 있다고 생각했다.

다행히도 나는 어떤 주식이 '상승'하는지 알아낼 전자두뇌가 필요하지 않다. 신문만 읽어봐도 실제로 주가가 언제 오를지 파악할 수 있으니 굳이 전자두뇌에 관심을 가질 필요도 없다. 또한 과학이 예언자들에게 시장에서 이길 수 있는 종목에 대한 정보를 알려준다면 그걸 겨우 "일주일에 1달러"밖에 되지 않는 가격에 팔지는 않으리라는 상식적인 생각만으로도 전자두뇌에 관심을 가질 필요는 없어 보였다. 그런 정보라면 당연히 자기들끼리만 알고 싶지 않겠는가?

전자두뇌를 갖춘 정보 회사의 또 다른 매력을 꼽아본다면 1929년 이후 시장이 붕괴할 때마다 우편을 통해 경고 공고를 발행해 투자자가 돈을 빨리 뺄 수 있게 만들어주었다는 점을 들 수 있다. 은행 금고에 약간의 주식을 넣어두고 1년에 한두 번 가격을 확인하는 사람이라면 이런 시스템이 꽤 장점이 될지도 모르겠다. 하지만 내가 볼 때, 그것은 간단한 손절매 주문만큼 빠르지도, 효율적이지도 않다. 전자두뇌 정보지는 누가 봐도 주가가 폭락할 것 같은 시기가 되어서야 경고 공고를 보낸다. 손절매 주문은 우편이 됐든 다른 방법이 됐든, 내게 아무것도 알려주지 않는다. 손절매 주문은 내가 가진 특정한 주식이 하락하는 순간 자동으로 작동한다. 그리고 일주일에 1달러가 다 무엇인가. 돈이 하나도 들지 않는다!

그렇다면 월스트리트의 점쟁이들은 얼마만큼의 성공률을 거뒀을까? 그들은 보통 월스트리트의 아마추어들보다 시장에 대해 조금 더 많이 알고 있다. 즉, 그들은 주식 용어와 지수, 트렌드, 평균, 옵션, 풋(베팅의 총금액이나 경쟁자의 개요 등을 뜻하는 카지노 용어-옮긴이), 콜, 스트래들(옵션 거래에서 통화, 만기, 행사가격이 동일한 풋옵션과 콜옵션을 동시에 매입 매도하는 전략-옮긴이), 스프레드, 스트립(기초자산, 만기일, 행사가격이 같은 콜옵션 2단위와 풋옵션 1단위를 결합하는 전략-옮긴이), 스트랩(콜옵션 2단위와 풋옵션 1단위 거래를 동시에 결합하는 것-옮긴이)을 더 잘 익히고 있다. 또한 이들은 다우지수, 수익 이윤선, 밸류 라인, 단주 지수, 등락주선 등을 잘 알고 있다. 하지만 놀랍게도 이들은 내 주식이 언제 오르기 시작할지, 얼마나 오랫동안 상승세를 지속할지 같은 중요한 정보를 얻을 루트는 갖고 있지 않다.

주가가 오를지 하락할지에 대해서라면, 사실 그건 전적으로 운에 따라 시장을 예측하는 게 돈으로 살 수 있는 그 어떤 정보보다 정확하다. 동전을 던지고, 입에 착 붙는 회사 이름을 고르고, 잉크 반점으로 점을 치거나, 눈을 가리고 하나를 고르거나, 하다못해 핀을 돌려 주식을 고르더라도 평균 법칙에 따라 월스트리트의 점쟁이들이나 트렌드 예측가들이 도출해낸 결과만큼의 성과는 얻을 수 있을 것이다.

시장에선 매일 수백 개의 이슈가 쏟아져 나온다. 수백 개 종목의 가격이 하락한다. 몇 종목은 가격이 변동하지 않는다. 왜냐하면 주식 거래가 거의 또는 전혀 없기 때문이다. 강세장에서는 하락하는 종목보다는 상승하는 종목이 더 많다. 약세장에서는 그 반대일 것이다. 하지만 시장의 어느 쪽도 상승 혹은 하락 방향으로 움직일 수 있다는 사실이 잊지 말아야 한다. 게다가 이제껏 상승세를 보이던 주식이 바로 주식이 오늘은 하락할 수도 있다. 상승주와 하락주 사이에는 명확하거나 영구적인 구분이 없다. 그게 시장이 존재하는 이유다. 하락주가 상승주가 되고, 상승주가 더 이상 거래되지 않을 수도 있다.

내 주식이 언제 상승세를 탈지 알아낼 수 있는 확실한 방법은 없다. 올라갈까, 아니면 내려갈까? 다시 한 번 말하지만, 월스트리트의 점쟁이들이 이 모든 걸 알고 있다면, 우리에게 굳이 그 정보를 팔 리 없다.

다음은 뉴욕증권거래소에서 임의로 선택한 10일간(거래일 기준 2주)의 주가 상승과 하락에 대한 도표다.

[자료 2] 10일간 주식시장의 움직임

	상승 종목 수	하락 종목 수	변동 없음	거래 주식
1월 14일	723	360	249	1,332
1월 15일	504	556	255	1,315
1월 16일	337	720	246	1,303
1월 17일	712	333	259	1,304
1월 18일	572	509	238	1,319
1월 21일	567	485	266	1,318
1월 22일	672	390	249	1,311
1월 23일	619	428	264	1,311
1월 24일	571	464	251	1,286
1월 25일	588	461	240	1,289

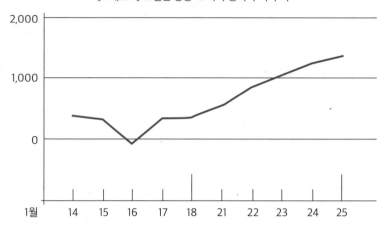

[그래프 7] 10일간 상승 vs 하락 종목 수의 누적

첫째 주의 득실을 하루하루 합산해보면 전체적인 관점에서 볼 때 그다지 좋다고 평가하긴 어렵다는 사실을 알 수 있을 것이다. 14일 상승주가 하락주의 두 배를 기록하자 시장은 "만세! 상황이 어느 때보다 좋군" 하고 외쳤다. 16일에는 상황이 정확히 반대로 역전됐다. 월스트리트는 신음했다. 다음 날인 17일, 여론은 다시 흔들렸다. 절반 이상의 투자자가 승자가 되고, 그보다 적은 사람들이 패자가 됐다. 18일 금요일엔 그 누가 이겼다고 말하기 어려운 상황이다.

비록 상당한 수의 패자들이 있었지만, 둘째 주는 내내 승자들에게 호의적이었다. 그러나 조금 나아진 하락선 차트가 보여주듯, 나는 매일 상승과 하락 요인을 추가했다. 2주간의 내 거래는 [그래프 7]과 꽤 비슷한 모양새였다. 1월 25일이 되자 나는 상당히 기분이 좋아졌다. 시장 역시 비슷했다. 기자들은 다음과 같은 기사를 내보냈다.

주가 연일 상승세

그리고 이틀 후 다음과 같은 기사가 나왔다.

주가 63년 중 최고치 달성

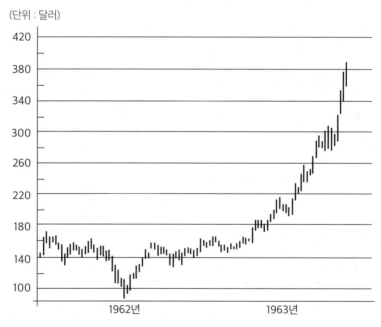

[그래프 8] 제록스 주가 추이

(단위 : 달러)

굉장하다! 즉, 점쟁이들은 언제나 오른다고 예상하는데, 이제 그들이 맞을 확률이 정확히 반반이 됐다. 시장 이론가들과 차트 관리자들, 그리고 그들에게 돈을 투자하지 않은 사람들 모두 매우 흥미로워할 만한 상황이다.

하지만 나의 '미스터리한 주식'이나 '잠자는 거인' 또는 '투자성 이슈 1위 종목'이 차트를 따라 오르고 내리지 않는다고 생각해보라. 10거래일 동안 매일 수백 개 주식의 가격이 상승했는데 다른 수백 개 주식은 항상 같은 자리에 있었던 게 아니라 하락하고 있었다는 사실을 잊지 마라. 각각의 종목이 하나처럼 위아래로 움직였던 게 아니다. 일부는 차트를 따라 전반적으로 하락세를 보였다. 그리고 대부분의 주식이 상승하는 날에도 계속해서 하락했다. 심지어 사상 최저치를 기록하기도 했다. 같은 맥락에서 차트가 전반적으로 하락세를 나타내는 날에도 꽤 많은 주식이 최고치를 경신했다.

장기간에 걸쳐 개별 종목의 그래프를 시장의 전반적인 실적을 나타내는 차트와 비교해보면 일반적 상관관계가 있는 것 같지만 뉴욕 주식시장에 상장된 1,300개가 넘는 종목이 일제히 움직이는 것은 아니었다. 어떤 면에서는 주관 없이 일제히 따라서 오르고 내리는 것처럼 보였지만, 결코 아니었다. 사실 어떤 종목은 시장 전반의 움직임에 완전히 역행하는 모습을 보였다. 많은 종목이 몇 달 또는 몇 년 동안 계속해서 트렌드와 전혀 상관없이 움직이는 것처럼 보이기도 했다. 완전히 반대로 움직였다. 주식을 사고 나면 곤두박질쳤다. 팔면 그제야 튀어 올랐다!

그야말로 미스터리 주식이 맞다! 주식시장의 동향을 예측하며 생계를 유지하는 소위 전문가라는 사람들이 일반 투자자보다 크게 나을 게 없다는 데서 그 증거를 찾을 수 있다. 적어도 우리는 은연중에 이런 점쟁이들이 눈을 가리고 찍거나 룰렛을 돌려서라도 좋은 주식을 찾아내지 않을까 기대한다. 하지만 한 연극배우가 말한 것처럼 "고장 난 시계도 하루에 두 번은 맞는 법이다."

단순히 말해, 하락하는 주식보다 상승하는 주식이 더 많으면 이는 곧 강세장을 의미한다. 그리고 평균의 법칙에 따르면 내가 어떤 방법으로 주식을 선택하든 간에 더 많은 승자가 있게 마련이다.

나는 유명한 미용사가 한 것처럼 《월스트리트 저널》을 문에 걸어놓고 다트를 던질 수도 있다. 아니면 눈가리개를 하고 손가락으로 주식 차트 가운데 하나 짚어낼 수도 있다. 만약 하락주보다 상승주가 더 많다면, 나는 돈을 잃는 사람보다 따는 사람을 이기기 위해 엄청난 확률을 이겨내야 할 것이다. 나는 개인적으로 그런 방법으로 상당한 금액을 벌어들인 뉴욕 맨해튼의 부자 변호사를 알고 있다. 그는 책상 위에 주간지 《배런스》의 차트를 펼쳐놓고 눈을 감은 채 종이에 핀을 꽂았다. 핀이 어떤 주식을 가리키든 그는 무조건 그 주식을 샀다. 당연히 몇몇 주식에서는 손해를 봤다. 하지만 상승장에서 그는 잃은 돈보다 딴 돈이 훨씬 많았다.

앞서 말한 것을 고려할 때, 월스트리트의 정보 제공자들이 가끔 좋은 선택을 하는 것은 결코 놀라운 일이 아니다. 특히 월스트리트라는 카지노에 새롭게 많은 자금이 들어오고 많은 주식들이 상승하는 호황일 때는 더욱 그렇다. 단순한 평균의 법칙으로만 봐도 이런 점쟁이들은 적어도 눈을 감고 주식을 고르는 내 친구 변호사만큼은 잘 예상해야 한다.

그런데 결과는 어떤가? 내가 놀란 지점이 바로 여기다. 주식시장의 예측가들은 단순한 평균의 법칙만큼도 성과를 거두지 못했다. 1933년 경제 연구소 콜스 커미션이 실시한 연구는 시장 동향, 다우지수, 상승-하락선, 밸류 라인 등 수천 통의 '권위적인' 예측지로 넘쳐나는 예측 전문가의 예측이 무작위로 선별했을 때와 비교해서 4%의 낮은 정확도를 기록했다고 밝혔다. 1944년 실시한 같은 기관의 조사 역시 결과는 같았다.

순전히 우연에 기대어 《월스트리트 저널》에 다트를 던지거나 《배런스》에 핀을 꽂는 것만으로 예측 전문가와 균등한 확률, 즉 50%의 정확도를 얻을 수 있다. 하지만 전문가는 달라야 한다. 두 번의 연구에서 이들의 종합 점수는 46%의 정확도를 기록하는 데 불과했다.

말할 필요도 없이, 이런 저조한 성적은 점쟁이들의 용기를 꺾지 못했다. 저조한 실적은 이들에게 손해를 끼치지도, 악영향을 주지도 않았다. 이들은 도박하지 않는다. 이들은 도박꾼들에게 돈을 받고 충고를 해줄 뿐이다. 예상이 빗나갈 때마다 도박꾼들은 빈털터리가 되곤 하지만, 잘 구축된 예측 서비스는 해마다 계속해서 번창하고 있다.

자칭 시장 분석가들의 조언 중 일부는 1963년에 출판된 라자 라보_{Rajah Rahbo}의 『꿈의 책_{Dream Book}』에 나오는 것과 별반 다르지 않다고 해도 과언이 아니다. 냉철한 비즈니스 세계에서는 이상하게 보일지도 모르지만, 많은 주식 중개인이 열정적인 점술가와 다르지 않다. 이들은 일반적인 방법으로 시장을 이해하려고 노력하는 것을 포기하고, 행운의 숫자를 찾거나 하늘의 별자리로 점을 치며 여가시간을 보낸다.

나는 실제로 점성술을 바탕으로 판단을 내리는 전문적인 투자 조언자에 대해 들어본 적이 있다. 재미있는 사실은 내가 아는 한, 이들의 점술이 전자두뇌만큼 잘 작동한다는 것이다. 그어떤 특별한 기계도 월스트리트의 도박꾼이 움직이기 전까지는 답이 어떻게 될지 모르기 때문이다. 그리고 물론 주식 동향과 관련해서 한마디하자면, 주식 가격 시세표가 지금까지 발명된 그 어떤 장치보다 더 정확하다. 나는 시장에 대한 정보를 찾기 위한 가장 좋은 장소는 시장이라는 것을 곧 알게 됐다.

물론 많은 시장 예측가들이 시장의 흐름을 파악하기 위해 애쓰지 않는다. 경마장의 호객꾼과 마찬가지로, 시장 예측가들 역시 매일 영업할 수 있는 팁이 필요하다. 시장 자체가 그들의 비즈니스 요구 사항에 항상 관대한 것도 아니다. 호객꾼들처럼 이런 예측가들 역시 더 간단한 시스템을 가지고 일을 한다. 모든 경마에서 가능한 한 많은 말을 홍보하는 것이다. 그러면 그중 한 마리는 반드시 우승을 하게 되어 있다.

　　모든 분야의 선택에 동일한 시스템을 적용할 수 있다. 이따금 누군가는 낡은 매트리스 틈이나 지하실, 우물 속에서 숨겨진 재산을 발견한다. 신문에 하루 운세 서비스를 제공하는 사업을 한다면, 나는 아마 이렇게 광고할 것이다.

　　이번 주는 지하실을⋯⋯

　　또한 다락방도 추천⋯⋯

　　건초 더미⋯⋯

　　1905년 이전에 출판된 책 사이에서⋯⋯

　　누군가는 이런 정보를 바탕으로 돈을 찾을 것이 확실하다. 그럼 그다음 주 광고는 이런 식으로 만들 것이다.

　　네바다 주 오마하의 L. D. 부인은 지난 8월 15일, 우리의 충고를

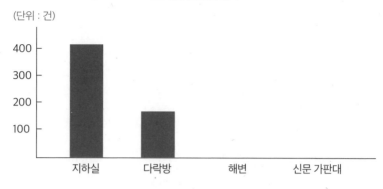

(단위 : 건)

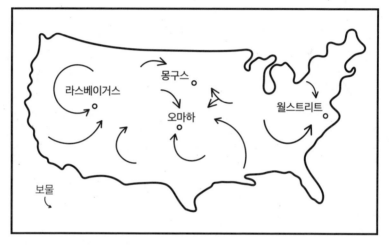

받아들여 지하실에서 400달러를 찾았다. 위스콘신 주 몽구스의 J. B. 역시 우리의 충고에 따라 다락방에 있던 트렁크에서 160달러짜리 금독수리 한 쌍을 발견…….

예를 들어, 신문 가판대나 해수욕장의 해변보다 지하실이 돈을 찾기에 더 좋은 장소라고 판단할 '시스템'을 기술 언어로 충분히 설명할 수 있다. 만약 이 방법을 차트와 그래프로 정리하고 싶다면 그것도 역시 손쉽게 할 수 있다.

말도 안 되는 소리 같은가? 하지만 월스트리트의 특별한 언어로 번역하면, 이것은 지혜가 된다. 그리고 사람들은 기꺼이 돈을 지불하고서라도 지혜를 얻고자 한다. 대중은 왜 이를 이해하지 못할까? 어쩌면 알면서도 강한 도박 본능과 크게 피해를 보지 않는 한 계속 새롭게 유입되는 사람들 때문에 이를 무시하는 것인지도 모르겠다.

예측과 시장 분석에 관련된 수많은 학파가 있다. 그중 가장 나쁜 것은 명백한 사기이거나, 드물게는 증권거래위원회가 폭로한 나이 든 전문가의 경우처럼 개인적인 망상이 반영된 결과물이다. 내가 아는 그 전문가는 신문 삽화 만화에 나온 '비밀 코드'에서 예언을 끌어냈다.

예측 분석은 기껏해야 주식이 과거에 무엇을 해왔는지 또는 현재 무엇을 하고 있는지 내게 말해줄 수 있을 뿐이다. 그리고 내가 알아야 할 것은 내 주식이 가까운 미래에 어떻게 움직일 것인가 하는 것이다. 불행하게도 전자두뇌든 수정 구슬이든, 아직 믿을 만한 정도로 우수한 성과를 낸 기술은 없다.

시장 분석은 하나의 사건이 일어난 이후, 왜 특정 종목이 급상승 혹은 급하락했는지에 대한 충분한 설명을 제공할 수 있을 뿐이다. 주식 분할에 대한 소문, 주가 상승을 기대하게 만드는 좋은 소식, 대통령의 고민, 쿠바 침공에 대한 소문 등 이야깃거리는 늘 넘쳐난다. 어쨌든 주식시장 마감을 앞두고 이루어지는 관찰은 모두 사후 분석에 불과하다. 그리고 어떤 경우에도 대부분 합리화할 수 있는 여지가 있다.

따라서 진실은 이렇다. 시장은 도박꾼들이 행동하는 대로 움직이고, 도박꾼들이 움직이기 전까지는 그 누구도 시장의 움직임을 예측할 수 없다.

Personal Protection: Hedging My Bets

투자를 시작하자마자
마이너스인 이유

내가 번 돈으로 하는 도박, 그것이 바로 주식 '투자'다. 안타깝게도 카지노에서 조언하는 사
람은 보통 도박에 능하지 않은 법이다. 그들의 목적은 수수료를 버는 것이다. 혹은 서비스
차원에서 미래를 점쳐보거나.

과거와 미래는 주식시장에서 아무런 의미가 없는 단어다.
존재하는 것은 지금 현재다.
하루하루가 새로운 날이고 거래장의 매시간은
새로운 결정에 대한 수요를 불러일으킨다.
나는 과거에도 미래에도 행동하지 않는다.
나는 지금 현재 행동한다.

헤지 베팅*과 관련, 떠오르는 말
이 있다.

칼라일은 "생사를 걸고 세계를 상대로 도박을 한다"고 썼
다. 이 문장만 읽으면 지난날 월스트리트에서 만났던 한두 명
의 투기꾼이 생각난다. 그들은 월스트리트라는 거대한 카지노
에 빠져들어 자신이 가진 것을 모두 걸고, 모든 것을 탕진해버
리고 나서야 어떻게든 다시 빠져나오려 안간힘을 썼다.

이런 기질을 가진 사람은 모든 주식이 어느 정도 위험성을
가지고 있다는 경고를 다른 사람들보다 훨씬 과소평가하는 경

---

* 헤지 베팅 : 게임자가 손실을 최소화하려는 노력의 일환으로 웨이저를 배수로 만드는 경우.

향이 있다. 만약 주식 투자가 도박이 아니라면, 그 어떤 보상도 없을 것이다. 아니, 우리가 알고 있는 시장 자체가 없을 것이다. 주식은 감자나 국채처럼 고정된 가격에 장외로 팔릴 것이다. 그러나 무모하고 열정적인 도박꾼이 주식시장 관계자들의 전형적인 모습은 아닐 것이다. 월스트리트라는 카지노에서 아마추어들을 특징짓는 좀 더 일상적인 모습은 사업보다는 종교에 더 적합할 것으로 보이는 일종의 수동성이다.

소액 투자자들은 보통 인형을 고쳐주는 장난감 병원에 들어가는 어린 소녀처럼 희망적이지만 걱정스러운 표정으로 주식 중개인을 찾는다. 이들은 주식시장에서 '좋은 종목'이 무엇인지 정중히 묻고, 잘나가는 중개인의 거들먹거림을 정중히 경청한 다음, 저축해놓은 돈을 기꺼이 건네준 뒤 신비한 바퀴가 돌아 자신에게 수익을 가져다주기만을 기다린다. 만약 수익이 실현되지 않으면 자신이 잘못된 중개인은 찾았다고 생각할 수도 있지만 대개는 운이 나빴음을 운명적으로 받아들인다.

탐욕의 신 마몬의 신전에서 훌륭히 광고하고 충실히 사제 노릇을 한 덕분에 주식 중개인들은 의사에 맞먹을 법한 명성을 누리며 산다. 나는 자신의 주치의가 세계 최고의 명의라고 생각하지 않는 사람을 지금껏 살면서 단 한 번도 만나보지 못했다. 중개인들 역시 투자자들에게 성전에 있는 진정한 신도들 같은 존경심을 불러일으키기는 마찬가지다.

주식 중개인은 잘 다듬어진 손톱으로 형편없는 대차대조표를 두드리며 신중하게 말한다. "흠, 제 예상이 맞습니다. 기술적으로 약간의 수정이 필요하겠어요. 특별히 걱정할 건 없어 보이지만, 고객님이 정 걱정되신다면 ○○으로 바꿔서……."

이런저런 말을 들으며 고객은 방금 손해를 보고 판 주식 대신 다른 주식을 가지고 돌아간다. 그리고 주식 중개인은 한 건이 아니라 두 건에 해당하는 수수료를 챙긴다. 상황이 이런데도 투자자들이 손해를 보면서도 초심을 잃지 않고 시장에 남아 자신의 믿음을 유지한다는 게 놀랍기만 하다.

나는 1961년 강세장이 절정에 달했을 때 평생 모은 돈을 주식에 투자한 전문의를 알고 있다. 그는 고급 호텔 체인에 고용돼 경제적으로 꽤 여유가 있는 편이었다. 그의 총 투자액은 30만 달러도 넘었다. 시장은 중개인들이 좋아하는 단어, '조정 기간'에 뛰어들기엔 한참 늦은 시기였다. 물론 아주 소수만 그렇게 판단했지만. 아니나 다를까 1962년 찾아온 거대한 하락세로 내 친구 Y 박사는 자신이 저축해놓은 자금을 무려 3분의 2나 일거에 날려버렸다. 다음 날, 뉴욕 플라자호텔 로비에서 우연히 그를 만났다. 그는 내게 이렇게 말했다. "글쎄요. 겨우 20만 달러 손해를 본 것일 뿐인데요, 뭘." 말이 되는가. 겨우 20만 달러라니!

이 남자는 정말 아끼고 아끼며 돈을 모았다. 파리에 장거리

전화를 걸거나, 택시 기사에게 5달러짜리 지폐를 주고 나서 꼼꼼히 거스름돈을 챙겨 받는 등 돈을 쓸 때마다 두 번 세 번 고심했다. 그런데 평생 모아놓은 돈을 대부분 날려버리고는 겨우 20만 달러라고 말하다니.

라스베이거스나 몬테카를로(모나코 북부에 있는 지역으로 라스베이거스처럼 카지노로 유명하다)에서 쉽게 볼 수 있는 강박적인 도박꾼들에게서 나타나는 이런 성향은 마법 같은 주식시장의 숫자에 대한 현실감각 결여 등 수동적 체념이라 표현할 수 있다. 게임을 하다가 담배를 사오라고 시키면서 심부름을 해주는 소년에게 5달러짜리 칩을 아무렇지도 않게 건네는 사람이 담배 가게 주인이 담배 가격을 몇 센트라도 올리면 엄청나게 화를 내는 것과 비슷한 경우다.

또 다른 친구는 하락세를 보이는 주식이 '재기'하리라는 망상을 품고 있었다. 그는 내게 이렇게 말했다. "나는 소액 투자자야. 또다시 8포인트 떨어지면 더 이상 버텨낼 재간이 없어. 그러니 내가 샀던 가격까지 주가가 올라 내 손해가 만회될 때까지 기다릴 수밖에 없다고."

그 말을 들은 난 이렇게 대답했다. "기다린다고? 자네가 주당 33달러에 산 주식이 지금 25달러야. 지난 반년간의 차트를 보면 이 주식이 다시 상승하는 것은 불가능해 보여. 상승하기는커녕 계속 완만하게 떨어지고 있잖나. 만약 지금 자네가 장에 들어오려고 생각 중이라면 어떨 것 같아? 몇 달 전부터 계속해서 떨어져 손해만 보는 25달러짜리 주식은 거들떠보지도 않을 거야. 당연히 더 싸고 꾸준히 오름세를 보이는 주식을 찾겠지. 그러니까 이제 그만 그 주식은 손절매하고 다른 종목을 찾아보는 게 어때? 지금이라도 팔아서 손실을 줄이라고. 계속 손실을 감수하면서 돈을 묶어둘 거면 차라리 박스 기준을 잡아서 하한선을 정하고 손절매 주문을 설정해놔. 박스 바닥을 통과하면 그 주식은 25달러가 아니라 18달러, 15달러까지 떨어질 거야. 그 이상 얼마나 더 떨어질지 아무도 알 수 없지."

내 경험에 의하면 주식 가격을 현실적으로 바라보는 시각은 언제나 필수적이다. 25달러에 팔리는 주식은 내가 처음에 얼마를 지불했든 간에 25달러짜리 주식일 뿐이다. 그러므로 얼마에 매수했든 25달러짜리 주식으로 평가해야 한다. 과거와 미래는 주식시장에서 아무런 의미가 없는 단어다. 존재하지 않기 때문이다. 존재하는 것은 지금, 현재다. 하루하루가 새로운 날이고 거래장의 매 시간은 새로운 결정에 대한 수요를 불러 일으킨다. 나는 과거에도 미래에도 행동하지 않는다. 나는 지금 현재 행동한다. 그러므로 손실이 난 주식을 계속 보유하겠다는 결정은 손실이 나는 주식을 사겠다는 것과 정확히 같은 의미다. 상승하는 주식을 매도하기로 한 결정에도 같은 논리가 적용된다. 누가 손실을 사고 이익을 팔기 위해 시장에 가겠는가? 얼마나 이상한 자선 사업인가! 그런데도 사람들은 매일 그런 짓을 한다.

사람들은 무지함과 소심함에 사로잡히고, 이성적인 대처보다는 신화와 마법의 해결책을 믿는다. 사람들은 생각해야 할 때 감을 믿는다.

플라자호텔 오크룸의 지배인 빅터는 나와 친한 사이다. 그는 크라이슬러Chrysler 주식 100주를 3 대 1 주식 분할이 있기 전인 1962년 42달러에 사서 72달러까지 천천히 오르는 것을 지켜본 후 3,000달러라는 아주 좋은 수익을 내고 팔았다. 크라이슬러 주식을 왜 팔았냐고 물었더니, 그는 약간 놀란 얼굴로 대답했다. "왜 팔았냐고요? 팔면 안 될 이유가 있나요? 어차피 수익이 났잖아요. 무엇보다 너무 욕심을 부리고 싶지 않았거든요. 전 지금 굉장히 만족합니다."

그의 대답은 거대 금융 시장의 신비에 대한 순수한 미신을 보여준다. '욕심부리지 마라. 그렇지 않으면 신들이 화를 내고 그때까지 내어준 것을 다시 앗아갈 것이다.'

나는 그에게 자신이 만족하면 그것으로 충분하다고 말해주었다. 크라이슬러는 절정을 맞기는커녕 주식 분할을 하기 전까지 주당 108달러 선까지 올라갔다. 만족이라는 말로 위안을 삼을 수 없을 만큼 눈부신 성과를 낸 것이다. 그조차도 달리기의 끝이 아니었다. 1963년 크라이슬러 신주 최고가는 89달러 25센트였다. 분할 전 주식으로 치환하면 주가가 178달러 50센트까지 치솟은 것이다. 한마디로, 욕심을 부리고 싶지 않았다던 그 남자는 몇 달 만에 수익을 두 배로 늘릴 수 있었던 상승장 직전에 한 발 앞서 빠져나온 것이다!

주식시장에서 많은 투자자들을 특징짓는 수동성과 신비주의의 기묘한 조합은 시장에서 활동하는 다양한 형태의 집단들이 성공하는 열쇠가 되기도 한다. 대부분의 소액 투자자들은 자신의 판단을 신뢰하지 않기 때문에 숫자로 안전을 추구하는 경향이 있다. 이들은 시장에서 무엇을 해야 할지 결정하는 일상적인 책임을 좋아하지 않기 때문에 자기 생각을 뒷받침해줄 수 있는 금융계의 현명한 사람을 찾는다. 문제는 이 사람이 프로라는 점이다. 그는 멋진 사무실의 임대료를 지불하고 고급 위스키와 시가를 충분히 쌓아두기 위해 자신의 이익을 먼저, 그리고 최고로 고려한다.

양은 언제나 여러 겹의 안전과 보호를 추구한다. 그러나 양치기의 일은 양털을 깎는 것이다. 수많은 신자들이 믿음과 안전을 추구하는 가운데, 양털은 거의 무조건 깎이기 마련이다.

투자 클럽

조사해본 결과, 미국에는 2만 5,000개가 넘는 투자 클럽이 있는 것으로 추산된다. 그중 일부는 오후 디저트 타임마다 브리지 카드 게임을 즐기는 클럽을 중심으로 조직된 비공식 소모임으로, 회원들은 주식 동향을 분석하기보다는 케이크나 아이스크림에 더욱 관심을 보인다. 또다른 수천 명의 사람은 회계사, 변호사, 그리고 회계 담당자를 고용할 만큼 충분히 활동적이다.

투자 클럽은 보통 주식시장에서 너무 크게 투자하기보다는 소액 투자해서 수익을 내고 싶어 하거나, 한 번에 몇 주를 사면서 지불해야 하는 과도한 수수료나 뭉텅이로 나가는 지출을 피하고 싶어 하는, 한 번에 충분히 투자할 만한 여유가 없는 부류의 투자자들을 끌어들인다. 이런 단체들의 설립을 전문적으로 지도하는 전미투자클럽협회는 회원당 연간 1달러의 회원비를 받는다. 또한 회원들이 매입한 주식의 '시장가치 상승'을 투자의 1차 목표로 삼고, 회원들과 정보를 공유하기보다는 모든 배당을 재투자하는 것을 기본 원칙으로 삼는다.

그럼 클럽은 원만하게 굴러갈까? 1960년 전미투자클럽협회가 조사한 바에 따르면, 성장주에만 투자하고 모든 배당금을 재투자하는 전미투자클럽협회의 규칙을 따르는 클럽들의 평균 보유율은 8% 증가했다. 그리고 설립된 지 5년 이상 된 클럽들은 평균 11%의 성장률을 보였다. 다만 이는 개인 회원이 아니라 클럽 전체의 결과를 말하는 것이다. 전미투자클럽협회 안팎의 평균을 살펴보니 창단 첫해나 두 해까지는 득보다 실이 많았으며, 투자 비율이 낮고, 수수료가 보통 6% 내외라는 점도 이런 결과가 나타나는 데 한몫했다.

존 W. 해저드John W. Hazard와 루 C. 콜트Lew C. Colt는 『미래를 위한 투자에 관한 키플링거 북The Kiplinger Book on Investing for the Years Ahead』에서 전미투자클럽협회는 1960년 이전에 유난히 상승세를 보인 강세장에서 주로 수익을 냈으며, 이런 결과는 어떤 경우든 전미투자클럽협회의 투자 규칙을 엄격히 준수하는 클럽에만 적용된다고 지적했다. 매주 한편에서는 새로운 클럽들이 생겨나고 한편에서는 다른 클럽들이 끊임없이 사라진다. 살아남은 클럽들 역시 회원 가입이 결코 안정적이지 않다. 클럽들은 결정해야 할 문제가 아주 많다. 어떤 주식을 살 것인가? 언제 팔 것인가? 회원들은 각자 20달러 또는 30달러 투자한 데 대한 현금 수익을 언제쯤 거둬들일 것으로 기대할 수 있는가? 그리고 누가 이런 결정을 내릴 것인가? 이런 문제들 말이다.

보통 의사결정은 주식시장과 관련된 누군가의 조언에 의해 작은 위원회의 손에 맡겨진다. 꽤 타당한 이유로 그 누군가는 주식 중개인일 가능성이 높다. 물론 그가 자신의 시간과 조언을 기부할 가능성도 있지만, 클럽을 향한 그의 관심이 완전 무료이거나 사교적인 이유만으로 제공되지는 않을 것이다. 일부 중개인은 클럽 계좌를 수십 개씩 운용하는데, 이런 경우 당연히 수수료는 엄청난 액수에 이른다.

뮤추얼펀드

첫 번째 책이 출간된 직후 월스 트리트의 가장 큰 투자은행과 증권사 대표에게 전화를 받았다. 나는 어리둥절했지만, 회사가 염두에 두고 있는 제안에 대해 논의해보기로 했다. 그 회사는 주식시장에서 내가 일궈낸 업적에 주목해 내 이름을 홍보물에 이용할 계획을 세우고 내가 명목상 사장이 될 다바스 펀드Darvas Fund를 설립하자고 제안했다. 투자은행가들이 볼 때 나는 타고난 인재였다. 이들은 월스트리트에서 200만 달러를 번 사람이 이끄는 회사에 투자하기 위해 사람들이 떼 지어 몰려들 것이라고 생각했다. 내가 보다 많은 수익을 얻기 위해 선택한 주식에 대한 정보는 당연히 다른 사람들에게도 좋은 정보가 되지 않겠는가?

흥미롭고 수익성 역시 좋을 것으로 기대되는 제안이었지만, 내 대답은 한결같이 '싫습니다'였다. 다른 회사와의 계약을 염두에 두었던 것은 아니다. 이유는? 나는 회사 경영진에게 투자자로서 뮤추얼펀드(여러 가지 다양한 분야에 투자 서비스를 제공하는 투자 자문 회사-옮긴이)를 믿지 않는다는 단순한 이유로, 그 제안을 받아들이지 않겠다고 꽤 솔직하게 털어놓았다. 간단히 말해, 나는 사람들에게 좋은 주식이 아닌 것에 투자하라고 추천하고 싶지 않았다.

뮤추얼펀드는 투자 항목에 제한이 없는 개방형 투자 신탁 회사의 일종으로, 누구나 언제든지 참여할 수 있고(사실상 신주는 항상 투자 가능하기 때문이다), 언제든 자신의 주식을 상환할 수 있다(펀드가 현행 시장가격으로 주식을 취득할 준비가 되어 있기 때문이다). 기금은 다른 사업들과 마찬가지로 기업 노선을 따라 조직된다. 거래하는 주식은 주주가 투입한 자본과 이윤을 더한 돈에 따라 그 규모가 결정된다. 뮤추얼펀드는 기본적으로 다른 사업체의 주식을 사고팔며, 각각의 거래에서 이윤을 내고 싶어 한다.

주식 가격은 언제든지 회사(펀드)의 정확한 주당 순자산가치로 정해지므로 충분히 합리적인 것으로 보인다. 주식을 상환할 경우, 고객은 펀드가 평가한 순자산 기준으로 자신이 투자한 자금에 비례하여 돈을 받는다. 하지만 여기에는 간과해서는 안 되는 커다란 단점이 있다. 바로 판매 수수료다. 평균 8.5%에서 9.5%, 심지어 10%에 이르는 엄청난 수수료 말이다.

다시 한 번 강조하지만, 친절한 뮤추얼펀드 세일즈맨과 악수하는 순간, 내가 투자한 돈은 90%의 가치만 돌아온다는 것을 기억해야 한다.

이들의 목적은 분명하다. 이들은 투자자를 위해 돈을 관리해주는 사람들이 아니다. 개방형 펀드를 포함한 모든 신탁 기금은 일반적으로 1년간 관리하는 자본 총액의 절반에 1% 정도의 관리 수수료를 부과한다. 백분율로 따지면 그렇게 큰 금액처럼 느껴지지 않을 수도 있다. 그러나 미국의 다양한 뮤추얼펀드 그룹이 40억 달러 이상의 자산을 관리하는 것을 고려하면 은행과 증권업계가 뮤추얼펀드를 흥미롭게 보는 이유가 무엇인지 충분히 이해할 수 있을 것이다.

고려해야 할 요소는 아직 남아 있다. 대부분의 거대 뮤추얼펀드는 중개 회사들과 긴밀한 관계를 맺고 있으며, 일부는 중개사가 직접 설립한 것이다. 그리고 여기서 다시 딜러가 등장한다. 이들은 각각의 거래에서 자기 몫을 챙긴다. 펀드는 수익을 내고 나면 이후 흐름을 타며 방치되지만, 주식 중개인들은 수수료를 만들어내기 위해 부지런히 움직인다. 이런 점을 감안할 때 뮤추얼펀드와 중개인이 손을 잡을 경우, 그들의 거래가 얼마나 합법적일지, 혹은 수수료를 거둬들일 목적으로 수없이 많은 거래를 일으켜 가능한 한 많은 돈을 긁어모으고 있는 건 아닌지 의문을 갖게 된다.

앞에서도 말했지만, 뮤추얼펀드는 큰 사업이다. 보고된 바에 따르면 100만 달러가 넘는 자산을 가진 뮤추얼펀드가 183개에 이른다고 한다. 이런 뮤추얼펀드들은 주주들을 위해 얼마나 투자할까? 주식 중개 회사인 칼브 브히즈Kalb, Voorhis & Co.,가 조사한 바에 따르면 1962년 3월 29일부터 1963년 3월 29일까지 183개 펀드 중 18개만 시장에서 수익을 냈다. 웰링턴Wellington Equity은 14% 하락했고, 퍼트넘 성장 펀드Putnam Growth Fund도 마찬가지였다. 보스턴의 체이스 펀드Chase Fund는 순자산이 26% 감소했고,

국민 증권Peoples' Securities은 32% 감소했으며, 임페리얼 펀드Imperial Fund는 41% 가까이 줄어들었다.

모든 펀드가 이렇게 극적인 손실을 기록한 것은 아니지만, 평균적으로 보통주에 자본을 투자하는 뮤추얼펀드에 투자했다면 다우존스 산업평균지수 같은 주식시장의 평균 정도 수익도 거두지 못했을 것이다. 물론 여기에는 위에서 언급한 18개 펀드의 수익은 포함되지 않는다.

놀랐는가! 만약 내가 다우 이론 펀드Dow Theory Fund 투자했다면, 1년 만에 내 투자 자금의 18%를 잃었을 것이다. 이 말이 전달하려는 의미는 명백하다. 비록 전문 경영진이 있더라도 다른 사람의 손에 돈을 맡기는 것보다 시장 평균을 따르는 것이 더 나았을 것이다. 적어도 1962~1963년 시장에서는 그랬다. 그리고 당연한 이야기이지만, 그해의 상호 대차대조표에서 7.5~8.5% 정도의 판매 수수료를 제한 다음, 관리비로 또 어느 정도 금액을 차감하고 나면 내가 왜 월스트리트에 남아 나만의 도박을 하는 것이 더 나은 수익을 가져오는 결정이라고 생각하는지 분명히 알 수 있을 것이다.

월간투자계획

　　　　　　　만약 누군가가 내게 포커 게임
을 하되 그 대금은 할부로 치르자며 나를 초대한다면, 나는 당
연히 농담이라고 생각할 것이다. 세상에 그런 게임은 없다. 그
런데 뉴욕증권거래소는 3개월마다 40달러만 내면 주식에 투자
할 수 있게 해주는 월간투자계획을 가지고 있다. 실제로 이와
비슷한 서비스가 제공되고 있다.

　이 기괴한 서비스의 가장 큰 매력은 고통 없이 저축할 수 있
다는 것이다. 주식과 은행에 차이점이 있다면, 증권거래소는
내가 거래한 총 금액의 최대 4%를 수수료로 청구한다는 것이
다. 월간투자계획 계좌를 취급하는 중개인들은 6%의 수수료를
청구하므로 투자자가 돈이 필요하다고 할 때 자금이 고스란히
남아 있으리라는 보장이 전혀 없다. 배당금은 크게 도움이 되
지 않는다. 만약 내가 월간투자계획 계좌를 개설하고 매달 40
달러 정도 투자한다면, 주식 배당금으로 수수료를 충당하는데
꼬박 2년 정도 걸릴 것이다. 그것도 평균 배당금이 3~4%라고
가정할 때 말이다. 그런데 3% 정도의 배당률을 유지하는 주식
은 거의 드물다. 쉽게 말해, 주식에 투자했을 때 배당금으로 이
익을 내리라는 보장은 사실상 없다.

'메인 스트리트'에는
무엇이 있을까?

투자 클럽, 뮤추얼펀드, 월간투자계획 등은 모두 '월스트리트를 메인 스트리트로 가져오라(금융을 일반 대중에게 돌리자)'는 캠페인의 일환이지만, 메인 스트리트에 어떤 혜택이 있는가는 여부는 또 다른 문제다. 개인적으로 나는 주식시장에선 개인이나 단체나 위험에 직면하는 것은 마찬가지라고 생각한다. 주식을 고르고 사고파는 방식이 건전하다면 개인을 대신해서 주식을 매입하든, 단체를 대신해서 주식을 매입하든 수익을 낼 수 있을 것이다.

하지만 도박은 도박일 뿐이다. 나는 개인적으로 다른 사람이 나 대신 내 돈으로 내기를 하는 것을 좋아하지 않는다. 어떤 게임이든 딜러의 조언에 의지하고 싶지 않다. 나는 중개인과 나의 관계는 테이블을 사이에 두고 서로 반대편에 앉아 있는 것과 비슷하다고 생각한다. 나는 시장에서 돈을 벌고 싶고, 상대는 내게서 수수료를 챙기고 싶어 하지 않는가.

Playing in the Casino—
My Buying Game

매수 게임에
임하는 법

어떻게 하면 확실히 상승세를 타는 주식을 구별할 수 있을까? 어떻게 하면 하늘로 날아오르는 풍선의 끈을 잡아당기거나, 결정의 바다에서 하염없이 부유하지 않거나, 꽃게처럼 옆으로 미끄러지는 주식의 차이를 구분할 수 있을까? 다시 말해, 어떻게 하면 주식시장의 전체적인 흐름을 파악할 수 있을까?

월스트리트에서 성공하는
첫 번째 비결은 자기 수양과 인내심이다.
다른 사람이 아니라 내 게임을 할 수 있는
기회가 올 때까지 기다려야 한다.
판을 뒤집을 한 번의 승리를 위해 필요하다면
1년이라도 기다리는 법을 배워야 한다.

봄에 나는 파리에 있었다. 파리의 카페에 앉아 지나가는 우아한 여성들을 구경했다. 여담이지만, 나는 주식을 관찰하는 것뿐만 아니라 다른 것을 관찰하는 것도 참 좋아한다. 나는 울적한 기분으로 주식 중개인의 메시지를 읽었다. 당시 나는 주식시장에서 연전연패하며 재정적으로 위기에 빠져 있었다. 당연히 우울할 수밖에 없는 상황이었다.

나는 항상 주식시장에 진지한 자세로 임했기 때문에 "그래, 그래, 사고파는 건 다 도박이야"라고 계속 생각하며 나를 다잡으려 애썼다. 파란만장한 역사를 쌓으며 분명히 깨달은 교훈이었다! 어떻게 하면 도박의 위험을 최소화할 수 있을까? 나는 적절한 주식을 선택하고, 이를 적절한 시기에 사고팔 수 있는 나만의 방법을 찾아내야 했다. 그것이 바로 내가 직면한 문제였다. 나는 완전무결한 시스템을 개발하고 싶었다. 나는 바로 황금 양털을 찾는 이아손*이었다.

나는 마음속으로 시장을 관찰하면서 배운 몇 가지를 떠올렸다. 월스트리트라는 카지노에서 나는 다양한 게임을 관찰했다. 월스트리트는 주식시장에서 벌어지는 여러 게임의 조건과 규칙마저도 운영진이 바꾸거나 변경할 수 있는 곳이다. 『나는 주식 투자로 250만 불을 벌었다』가 출판된 후 아멕스가 손절매 주문을 중단시킨 것을 기억하는가? 이곳에선 그런 일이 비일비재하게 벌어졌다.

카지노의 선수들, 다시 말해 소수의 성공한 투기꾼들 역시 정보를 얻지 못했거나 막연한 희망을 품고 있을 뿐인 대다수 소액 투자자들과 마찬가지로 자신이 설정한 목표와 심리, 개인적으로 가장 성공률 높은 투자 조건에 따라 같은 종목이라도 다른 접근법을 택했다. 예를 들어, 공매자는 주사위를 던져야 하는 테이블에서 '잘못된 선택을 한' 도박꾼과 비슷한 역할을 했다. 쉽게 말해, 직접 주사위를 굴리지 않고 다른 선수들이 베팅하는 것을 이용해 수익을 내려고 노력하는 도박꾼처럼 굴었다. 주식시장을 공략하는 것은 주사위 게임이나 블랙잭(카드

* 그리스 신화에 나오는 영웅. 아버지 아이손이 빼앗긴 왕권을 되찾기 위해 잠들지 않는 용이 지키는 콜키스의 황금 양털을 가져왔다.

의 합이 21, 혹은 21과 가장 가까운 사람이 이기는 게임—옮긴이)보다 훨씬 복잡하지만, 같은 원칙이 적용된다.

트레이딩을 하면서 내가 따르는 규칙들은 월스트리트에서 내가 쌓은 경험을 바탕으로 만들어지고 다듬어졌다. 다시 말해, 나 스스로 나를 위해 계속해서 발전시킨 결과물이다. 물론 내가 만든 규칙 외에도 주식시장에서 한 발 앞서 나갈 수 있는 수많은 효율적인 방법이 존재한다.

주식시장에서는 '못 할 게' 없고, 어떤 종목이든 언제든 어떤 방향으로든 갈 수 있지만, 그럼에도 불구하고 주가의 움직임은 본질적으로 제한적이다. 나는 이 운동의 모든 변주에 나의 집중력을 쏟아붓기로 결정했다.

뛰어난 경마 선수는 재미 삼아 하는 오락거리 외에는 룰렛이나 도박 따위에 시간을 낭비하지 않는다. 놀라운 기억력을 지닌 데다 블랙잭의 확률을 완벽히 이해하는 뛰어난 카드 게임 전문가 역시 주사위 테이블에 돈을 버리지 않는다. 나는 월스트리트라는 카지노에서 이기고 싶었다. 그래서 내가 뛰어들 게임을 철저히 분석하는 것을 나의 과제로 삼았다.

나는 또한 다른 분야에서도 마찬가지이지만 월스트리트에서 성공할 수 있는 첫 번째 비결은 자기 수양과 인내심이라는 것을 깨달았다. 다른 사람이 아니라 내 게임을 할 수 있는 기회가 올 때까지 기다려야 했다. 도박에서 헤어날 수 없는 도박꾼은 길모

통이의 아이들이 동전 한 닢을 거는 게임에도 자리를 펴고 앉는다. 합리적인 목표와 방법을 가지고 카지노에 도전하려면 눈을 크게 뜨고 감정을 배제해야 한다. 나는 판을 뒤집을 한 번의 승리를 위해 필요하다면 1년이라도 기다리는 법을 배워야 했다. 아울러 어떤 상황에서도 나의 원칙을 부정하며 타협하느라 내 자본을 낭비할 여유가 없다는 것을 마음에 새겼다.

나는 '다바스 법'이라 불리는 나만의 방법을 개발해냈다. 이는 흔히 말하는 '상승장'에서 통하는 방법이다. 다시 말해, 매수세가 강한 시장이 필요하다. 강세장에서는 비록 어떤 주식은 가격이 오르고 어떤 주식은 가격이 하락하지만 하락하는 것보다 많은 주식이 오름세를 보인다. 이른바 '약세장'에서는 반대로 매수세가 줄어들고 점진적으로 주가가 떨어지다 보니 매도량이 늘어난다. 다시 말해, 주가가 계속 떨어질 수밖에 없다. 당연히 주가가 상승하는 종목보다는 하락하는 종목이 더 많다.

시장은 끊임없이 출렁이며 상승장과 하락장이 되풀이되지만, 그럼에도 불구하고 나는 대부분의 시장에서 수익을 냈다. 가끔은 '상승과 하락이 혼재된' 시장에도 뛰어들었다. 나는 강세장의 극적인 기회를 이용할 때 최고의 거래가 이루어진다는 걸 깨달았다. 나는 카지노에서 이기고 싶었다. 그러기 위해서는 내게 맞는 시스템이나 방법을 개발해내야 했다.

그렇게 개발한
나의 박스이론

주식시장에 뛰어들기 전, 나는 주식 매매에 대한 최소한의 메커니즘조차 전혀 알지 못했다. 나는 누가 주식을 샀는지, 왜 샀는지 전혀 알지 못했다. 어떤 주식은 가격이 오르고 다른 주식은 하락해야 할 이유가 없다고 봤다. 내가 한 모든 일의 근거는 추측일 뿐이었다. 제보와 소문, 그리고 나보다 더 많은 정보를 가지고 있는 사람들의 조언에 근거한 예상일 뿐이었다. 하지만 그들도 모두 잘못된 추측을 할 뿐이었다. 토론토에서 브리런드 주식으로 행운의 기회를 거머쥐었을 때를 제외하면 나는 거의 모든 라운드에서 연전연패했다. 월스트리트라는 카지노에서 제일 가는 풋내기가 바로 나였다.

이윽고 나는 내가 살아남으려면 어떤 게임을 하고 있는지, 그리고 내가 하는 게임에 적용되는 최소한의 기본 규칙이 무엇인지 알아야 한다는 것을 깨달았다. 하지만 내가 배운 펀더멘털은 내가 예전에 의지했던 팁만큼이나 쓸모없다는 것이 증명됐다. 나는 주식 중개인과 평판이 좋은 시장 분석가들이 추천하는 주식에 흔히 따라붙는 성공 신화에 현혹됐다. 나는 주식 자체의 목적과 기능에 신경쓰기보다 주식을 발행하는 기업의 재무와 업무에 관한 정보를 공부했다. 내게 정말 필요한 정보를 찾기 위해 엉뚱한 곳에 신경 쓰고 있었다는 것을 깨닫는 데는 꽤 오랜 시간이 걸렸다.

내가 알고 싶었던 것은 사실 아주 간단한 것들이었다. 어떤 주식이 올라 내가 돈을 벌 수 있을까? 기업 보고서를 분석한 결과, 내가 주목하게 된 기업들이 한 해 동안 얼마나 벌었는지, 존스 앤 러플린이 얼마나 많은 철강을 생산하고 있는지, 퍼시픽 페트롤리엄이 얼마나 많은 유정을 소유하고 있는지 등을 알 수 있었다.

주식 중개인들은 나를 위해 월스트리트의 영광스러운 과거를 이야기해주었다. 하지만 이상하게도 누구도 미래에 관해서는 이야기하지 못했다. 우연히 텍사스 걸프 프로듀싱을 접하고 나서야 비로소 첫 번째 실마리를 얻어낼 수 있었다.

당시 나는 절대적인 절망 속에서 텍사스 걸프 프로듀싱을 1,000주 매수했다. 존스 앤 러플린으로 9,000달러 손해를 보고 빚더미에 올라 수익을 내지 못하면 파산할 수밖에 없는 상황이었다.

그런 안타까운 상황에서 내가 주식으로 200만 달러 이상 벌어들일 것이라고 과연 누가 예상할 수 있었겠는가? 하지만 난 운이 좋았다. 텍사스 걸프 프로듀싱은 꽤 괜찮은 회사였고, 재정적으로 내게 큰 도움이 됐다.

텍사스 걸프 프로듀싱

37.13~37.5달러 1,000주 매수(총 3만 7,568.26달러)

43.25달러 1,000주 매도(총 4만 2,840.43달러)

→ 5272.17달러 수익

    훨씬 더 중요한 건, 텍사스 걸프 프로듀싱 주식이 내게 주식시장에 대한 중요한 교훈을 알려주었다는 것이다. 나는 오직 한 가지 이유로 텍사스 걸프 프로듀싱 주식을 매수했다. 바로 상승세를 보인다는 이유 하나로. 내가 이제까지 트레이딩을 하는 데 있어 참고했던 업종별 시세나 기업 실적, 회사의 투자등급, 주가 수익률 같은 것은 거들떠보지도 않았다. 아무것도 모른 채 오직 상승세를 보인다는 이유 하나로 이 주식에 투자한 것이다. 이때의 경험은 내게 한 가지 교훈을 가르쳐주었다.

    이후, 오직 상승세에 주목하는 방식으로 여러 번 성공을 거뒀다. 나는 확신을 가지고 다음과 같은 결론을 내렸다. 투자할 주식을 고르는 데 있어 유일하고 타당한 근거는 바로 상승세다. 그 이유 말고 다른 이유는 필요 없다. 상승세를 보이지 않는다면 주식을 매수할 이유나 가치가 없다.

    이 원칙을 따르면서 나는 절반의 승리를 거뒀다. 하지만 아직 갈 길이 멀었다. 어떻게 하면 한 주에 1포인트 또는 2포인트 이득을 기록하는 주식과 확실히 상승세를 타는 주식을 구별해서 하나를 포기할 수 있을까? 어떻게 하면 하늘로 날아오르는 풍선의 끈을 잡아당기거나, 결정의 바다에서 하염없이 부유하지 않거나, 꽃게처럼 옆으로 미끄러지는 주식의 차이를 구분할 수 있을까? 다시 말해, 어떻게 하면 주식시장의 전체적인 흐름을 파악할 수 있을까?

이 질문의 답을 구하는 과정에서 나는 수백 개 개별 종목의 일별, 주별 가격 움직임을 집중적으로 연구했다. 내가 참고한 자료는 다음과 같다.

F. W. 스티븐스 뉴욕지부가 출판한『주식 그래픽 Graphic Stocks』은 총 두 권으로 된 책이다. 첫 번째 책에는 1,000개 이상의 차트가 실려 있는데, 무려 11년 이상에 이르는 기간 동안 매달 높은 가격과 낮은 가격을 기록한 주식이 어떤 움직임을 보였는지 설명해준다. 또 다른 한 권은 30년간 가장 널리 알려진 주식 중 81개 종목을 차트로 만들어 수록해놓았다.

S&P는 1936년부터 현재까지 약 4,800개 보통주와 우선주의 높은 가격과 낮은 가격, 수익, 배당금 및 기타 통계 자료를 제공했다.

《배런스》는 주간 재무 간행물을 통해 뉴욕증권거래소와 아멕스의 주가 변동 기사를 내보냈다.

《월스트리트 저널》 역시 일간 시세 변화를 참고할 수 있다.

연차 보고서와 주식 중개인이 제공하는 관련성 떨어지거나 이해하기 어려운 통계 자료와 달리 위에 언급한 간행물 등은 실제 주가 움직임에 대해 길고 상세한 자료를 제공했다. 이를 통해 내가 이전에 깨닫지 못했던 것들을 알 수 있었다.

내 생각과 달리 주식은 상승 추세 또는 하락 추세를 따라 일관성을 갖고 움직였다. 따라서 실제로 어떻게 움직이는지를 기준으로 앞으로 어떻게 움직일 가능성이 있는지 충분히 예측할 수 있었다.

비록 매일의 주식 거래나 심지어 시시각각의 주식 거래에서도 상당한 다양성이 엿보이지만, 나는 다른 어떤 종류의 주식 거래에도 분명히 관심이 없었다. 모든 것은 장기적인 관점에서 특정한 행동 패턴을 따르는 경향이 있었다. 나는 카지노와 카지노의 운영 방식에 매료됐다. 나는 주가가 오르고 내리는 것을 지켜봤다. 움직임. 바로 그 움직임이 키워드였다. 강력한 자석이 끌어당기는 것처럼 주식은 하나의 방향으로 계속해서 움직였다. 나는 그런 움직임이 나타나는 이유를 깨달았다. 매수량이 늘어나면 점진적으로 가격이 더 높아졌다. 반대로 일정하게 주어진 가격에 따라 매도량이 늘어나면 공급이 늘어나면서 더 낮은 가격의 주문이 늘어나는 경향을 보였다. 이 모든 과정이 점진적으로 발생했다. 상승세 도중에 멈추지 않고 로켓처럼 치솟는 종목은 드물고, 하락세에서 돌멩이처럼 곤두박질치는 종목도 드물었다. 두 방향 모두 각기 다른 층에서 내성이 강화

되는 모양새였다.

주식 차트를 살펴본 결과, 이러한 저항의 효과를 그래픽 형태로 확인할 수 있었다. 주식은 일정 수준까지 올랐다. 그리고 마치 천장으로 뛰는 것처럼, 그러니까 테니스공처럼 뛰어 올랐다가 바닥을 치고 다시 위로 뛰어 오르기를 반복하며 이전과 같은 저항력을 보였다. 나는 그런 움직임이 유리 상자 안에서 튕기는 고무공처럼 비좁은 범위 내에서 진동하는 모양새를 보인다는 것을 깨달았다. 모든 방향으로 제멋대로 뛰는 게 아니라 질서정연한 방식으로 각각의 종목마다 고유의 리듬과 규칙적인 움직임을 보였다. 이를 바탕으로 머릿속에 각 종목의 차트를 그리고 이해할 수 있었다.

하루하루 대충 바라보면 주가의 움직임은 말도 안 되는 것처럼 느껴진다. 어느 날 장이 열리자마자 주식은 35달러에서 거래를 시작하고 38달러로 최고치에 도달했다가 37달러에 장을 마감하며 2포인트 순이익을 낼 수도 있다. 다음 날 장이 열리면 똑같은 주식이 계속 오를 수도 있고 34달러, 33달러로 떨어질 수도 있다. 상승 혹은 하락을 그리는 움직임이 어디서 멈출지 그 누가 알겠는가?

하지만 더 장기적인 동향을 연구해보니 처음에는 애매모호하던 추론이 더욱 확신으로 기울어졌다. 유레카! 이 말도 안 되는 것 같은 움직임에는 분명 방향성이 있었다. 아니면 적어도 질서라는 게 존재했다. 내가 관찰한 주식은 하루에 3포인트씩 변동했는데, 2주 정도에 걸쳐 총 8포인트 움직였다. 주로 30포인트에서 38포인트까지 올랐다. 더 긴 시간 동안 주가의 움직임을 분석하면서 나는 내 의심을 확신으로 바꿀 수 있었다. 특정 날짜까지 주가는 30포인트까지 서너 차례 오르며 더 낮은 가격에서 움직였지만, 한 번도 정점을 찍지는 않았다. 그러던 어느 날 돌파구를 만들었고, 38포인트라는 새로운 천장에 닿을 때까지 위쪽으로 이동하는 것을 멈추지 않았다. 이후 주가는 30포인트라는 최저가와 38포인트라는 최고가 사이에서 움직였다. 주가는 고무공처럼 튕기면서 운동했지만, 한계를 벗어나진 않았다. 다시 말해, 이 주식이 30포인트에서 38포인트라는 새로운 박스 안에서 움직였다는 뜻이다.

혹시 내가 무언가를 발견한 건 아닐까? 나는 갈릴레오 같은 심정으로 계속 주가를 지켜봤다. 추가로 확인해본 결과, 문제의 주식이 보이는 전체적인 상승 곡선은 한 박스에서 다른 박스로 이어졌다. 주식의 움직임은 명확하게 구분할 수 있는 한계를 지나 다음 돌파구, 그리고 또다시 가격이 튀어 오르는 새로운 기간의 파동으로 이어졌다. 주식을 다음 박스, 또 다음 박스로 넣을 시기가 된 것이다.

긴 시간에 걸쳐 이루어진 주가 변동을 분석한 결과, 하루 동안의 차트에서 확인했을 때처럼 불규칙한 모양이 아니라 하나의 박스에서 다음 박스로 이동하는 일련의 움직임을 관찰할 수 있었다. 각각의 박스 안에서 길거나 짧은 기간 동안 발생한 움직임은 주가가 나아갈 방향을 보여주었다. 즉, 다음 저항선으로 옮겨가는 새로운 움직임과 동력을 얻어 튀어 오르는 추세에 따라 다음 단계로 진입하기 직전의 집합 단계를 표시할 수 있었다. 나는 이렇게 나만의 투자 방법을 찾아냈다. 그것은 마치 무대에서 조명 효과를 제어하는 마스터 패널을 발견하거나, 비밀 문의 열쇠를 찾아낸 것과 같았다.

이렇게 만들어낸 박스이론을 적용하는 데는 비록 약간의 실험이 필요했지만, 이는 비교적 간단한 문제였다. 그런데 나는 그 과정에서 계산을 잘못했다. 첫 번째 단계는 모두 짐작하겠지만, 내 박스이론의 한계를 설정하는 방법을 고안해내는 것이었다. 그래야 박스 안에서 이뤄지는 가격 변동이 다음번에 높은 박스로 이어질지 낮은 박스로 이어질지 착각하지 않을 수 있기 때문이다. 빠르게 변화하는 주가의 움직임을 머릿속에서 차트화하는 것은 결코 쉬운 일이 아니었다. 결국, 나는 거의 변화하지 않는 정확히 증명된 규칙에 의존해야 한다는 것을 경험으로 깨달았다.

주가 동향을 파악할 목적으로 주식을 검토할 때, 나는《배런스》에서 주간 단위로 가격 변동을 확인했다. 가장 최근에 발행된 주간지 서너 권을 재빨리 훑어보는 것만으로도 특정 주식의 가격 변동폭을 판단하기에 충분했다. 주가가 움직일 때면 나는 가장 중요한 두 가지 요소에 주목하면서 변동 상황을 매일 정확하게 체크했다. 하나는 그날 거래에서 가장 높게 지불된 가격이고, 또 하나는 가장 낮게 지불된 가격이다.

예를 들어, 주식시장에서 다음과 같은 주가 움직임이 보였다고 가정해보자.

[자료 3] 주가 움직임 예시 1

개장가	최고가	최저가	마감가	순 변동 포인트
35	37	34¼	37	+2
37	38	36	37½	+½
37	41	36	40	+3

위의 패턴에서는 지속적인 상승세가 보인다. 하루의 최고가가 전날의 최고가보다 높다. 나는 박스의 윗부분을 열어두었다. 어쩌면 가격이 끝없이 오를 수도 있기 때문이다. 하지만 대부분의 경우, 상승세는 제한적이라는 것을 깨달았다. 얼마 지나지 않아 밀려들던 매수 주문이 감소하고, 상승세를 보이던 에너지는 소멸했으며, 주식은 일시적으로 기력이 다했다. 그리고 나서 그다음 날들의 최고가가 전날의 최고가에 도달하지 못한 뒤에는 그 어떤 경우라도 그 최고가를 넘지 못하는 움직임을 보인다

[자료 4] 주가 움직임 예시 2

최고가	최저가	마감가	순 변동 포인트
41	37	40	-1
40½	37	40½	+½
40½	36½	40¼	-¼

는 것을 알게 됐다. 패턴을 정리해보면 다음과 같다.

주가가 3일 연속 이전의 최고가에 도달하지 못하는 것을 발견하고 나서 (위의 예시에서는 41달러다) 나는 박스의 천장을 결정할 수 있었다. 매수자가 발견되지 않는 수준이 바로 정점이다. 주가가 다시 오를 거라고 예상되기 전까지는 깨뜨려야 할 새로운 천장이 되는 것이다. 새로운 상한선이 설정됐기 때문에 주가는 이제 어느 정도 수익이 발생하는 지점을 나타내는 매입 움직임이 있어야 반응이 나타날 것으로 예상됐다.

박스의 하한선을 확정하기 위해 내가 한 일은 다음 날 주식이 팔린 최저가를 관찰하는 것이었다. 주가가 3일 연속 하락했고, 최저가는 계속해서 새롭게 바닥을 쳤다.

앞서 소개한 표처럼, 새 박스의 하한선은 36달러 50센트였다. 그래서 나는 36달러 50센트부터 41달러 범위의 좁은 상자를 다시 그렸다. 주가는 매일 이 두 수치 사이에서 오르락내리락하며 새로운 돌파구를 마련하기 위해 에너지를 충전했다. 곧 새로운 상승세가 나타날 것이라는 예감이 들었다. 나는 마치 새로운 장난감을 얻은 아이처럼 흥분했다.

박스이론의 시작

나는 생각을 정리해야 했다. '좋아. 박스이론을 만들었고, 한계선도 정했어. 근데 이제 이걸로 어떻게 해야 하지? 박스가 언제 사고 언제 팔아야 하는지 말을 해줄까?' 이런 점이 고민됐다. 이론적으로 박스이론은 좋은 도구였다. 나에게 각각의 주식이 어떤 움직임을 보일지 예상할 수 있게 해주었다. 주가의 움직임이 성장세인지 하락세인지 한계를 규정할 수 없을 정도로 급박하게 움직이는 경우가 아니라면 전반적으로 유용했다.

내가 실제로 적용해본 바에 따르면, 박스이론은 다양한 종목이 빠르게 성장해서 커다란 이익이 기대되는 종목을 선택할 수 있는 시장에 가장 적합했다. 물론 당연히 이런 시장은 강세장이다.

그런데 박스이론을 적용할수록 점점 더 생각할 게 많아졌다. 같은 업계에 속한 여러 종목을 분석해보니 어떤 주식은 하락세를 보이는데, 왜 어떤 주식은 현재 박스에서 다음 박스로 상승하는 움직임을 보이는지 그 이유를 제때 정확히 알 수 없었다. 그런데 나는 사실 원인보다 결과에 더 관심이 있는 사람이었으므로 그 문제에 크게 신경 쓰진 않았다! 내게 중요한 건 전체적인 흐름을 읽고 그것을 최대한 활용해서 수익을 내는 것이었다. 게다가 나는 최대 상승폭을 기록할 만한 주식을 찾아내는 데 관심이 있었다.

상황이 이렇다 보니, 이미 특정한 움직임을 보이고 있는 주식을 선택하는 게 논리적이라는 생각이 들었다. 간단히 말해, 나는 주식을 마치 경주마처럼 보고, 주가의 움직임에 따라 판단하기로 결심했다. 처음엔 선두를 달리다가 곧 힘이 빠져 뒤로 밀려나 기진맥진할 기미가 전혀 보이지 않는, 현재 가격을 충분히 뛰어넘을 것으로 기대되는 소수의 주식에 집중한 것이다.

내 결론은 이랬다. 과거에 챔피언으로 꼽히던 주식, 예를 들어 주당 150달러에 거래되던 주식의 현재 주가가 40달러이며 상승세를 보이고 있다면 분명 헐값이라는 생각이 들 것이다. 하지만 깊이 생각해보면 이 주식은 역전을 허용한 셈이다. 그것은 엄청난 단점이다. 150달러에서 40달러로 떨어졌다는 것은 곧 최고점 또는 그와 비슷한 가격에 주식을 사들인 모든 투자자에게 심각한 손실을 입혔으며, 손절매 주문이 쏟아져 나왔을 거라는 의미다. 설사 이 주식이 다시 상승세를 보이더라도 그전에 강한 심리적 저항과 주가를 과거의 가격까지 끌어올려야 한다는 요구가 강할 것이 분명했다.

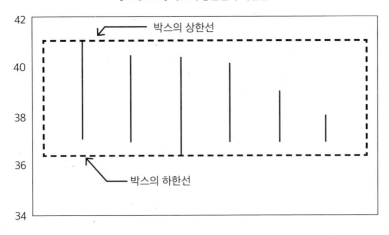

[그래프 10] 박스의 상한선과 하한선

이를 감안하면, 주가가 떨어진 주식은 경주에서 뒤처진 챔피언과 비슷한 처지라는 생각이 들었다. 도박에서 돈을 땄다고 이야기하려면 우선 잃은 돈부터 메워야 하는 법이다. 물론 일부 종목은 과거의 손해를 뛰어넘는 이익을 기록할 수도 있다. 하지만 아주 소수의 경주마나 달리기 선수, 그리고 주식만이 '역전'할 수 있는 것 또한 사실이다.

이 추론에 따라 나는 내가 진정으로 관심을 가져야 하는 유일한 주식은 단지 가격이 오르는 주식이 아니라, 실제로 이전의 최고 기록을 깨고 박스권 상단에 도달한 주식이라는 결론을 내렸다.

언제 사야 하는가?

얼마 지나지 않아 트레이딩을 하는 데 있어 정확한 타이밍을 포착하는 것 또한 중요하다는 것을 깨달았다. 피라미드 박스 상단에 위치한 주식을 찾아내기 위해서는 S&P 지수와 차트를 확인해야 했다. 이 방법으로 나는 내가 관심 있는 업종의 주식 가운데 역대 최고 가격에 도달한 주식이 무엇인지 알 수 있었고, 현재 가격대와의 빠른 비교를 통해 그 주식이 박스 상단에 위치하는지 알 수 있었다. 만약 내 기준에 도달한 주식이 있으면 나는 중개업자에게 '매수' 주문을 넣었다. 이제 중요한 건 과연 적정 가격이 얼마냐 하는 것이었다.

주식이 천장을 뚫고 역사상 가장 높은 위치에 있는 새로운 박스로 진입할 만한 에너지가 충분히 축적된 지점, 혹은 가능한 침투 지점과 가장 가까운 구매 가격을 정했다. 36달러 50센트에서 41달러 사이에 설정된 박스 안에 있는 주식인데 40달러가 종가 기준 사상 최고치라고 가정할 경우, 상한선인 41달러를 뚫을 것이 분명해지는 시점이 예상되면 나는 매수 주문을 했다. 예를 들면, 하루 최고치가 실제로 하루 동안의 주가와는 상관없이 3일 연속 41달러 상한선을 뚫고 나온 것 같은 경우다.

어떻게 살 것인가?

'자동으로'라는 단어는 이 논의에 훌륭한 대안이 될 수 있다. 왜냐하면 내가 수익을 잃지 않고, 필수적이라고 생각한 거래의 종류를 정확히 설명할 방법이기 때문이다.

박스이론을 개발하던 중 루이지애나 랜드 앤 익스플로레이션Louisiana Land & Exploration에 이를 적용할 기회가 생겼다. 주가는 몇 주 동안 꾸준히 오르며 하나의 박스에서 다음 박스로 계속 상승했다. 주가가 59달러 75센트 지점을 통과하며 최고가 박스

[그래프 11] 루이지애나 랜드 앤 익스플로레이션 주가 추이

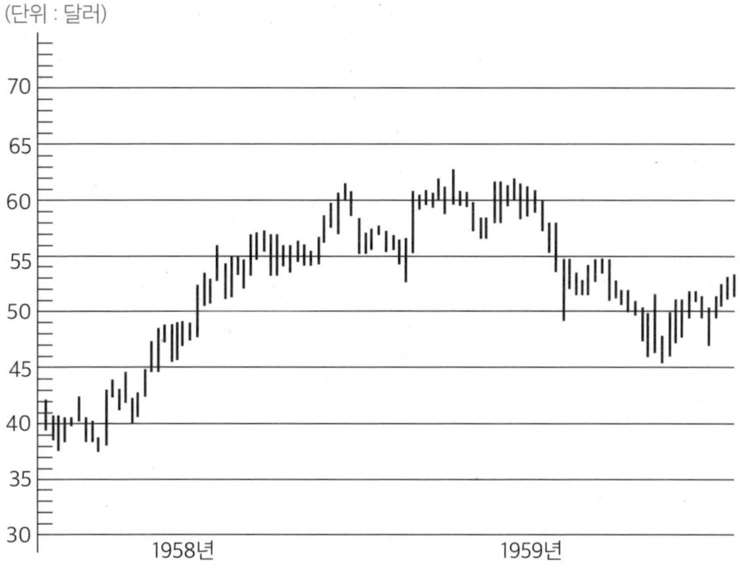

(단위 : 달러)

에 안착하는 순간, 나는 매수하기로 결심했다. 나는 중개인에게 전화를 걸어 매수 수준이라고 생각하는 61달러가 되면 내게 알려달라고 했다.

하지만 그가 전화를 걸었을 때, 나는 두 시간이나 연락을 받지 못했다. 마침내 중개인과 통화가 됐을 때, 주가는 이미 63달러를 넘어선 뒤였다. 이미 2포인트 잃은 것이다. 내가 생각한 가격에 100주를 샀더라면 몇 시간 만에 내 주머니에 200달러가 들어왔을 것이다. 주식은 계속 상승함으로써 내 판단이 옳았음을 확인시켜줬다. 최하위권에서 진입할 기회를 놓친 것에 대한 흥분과 초조함 속에서 나는 주당 65달러에 매수해서 실수를 더욱 키웠다. 이 가격이 새로운 박스의 최고 가격이라는 것을 나중에야 깨달았다.

값비싼 대가를 치러야 했던 실수이지만, 그 가치는 충분했다. 중개인과 의논하자 그가 내게 해결책을 알려주었다. 그는 내게 앞으로 어떤 주식이 사고 싶은지, 얼마에 사고 싶은지 결정하면 미리 주문서를 넣어달라고 했다. 그럼 내가 원하는 주식이 원하는 수준에 도달하면 '자동으로' 매수할 수 있다고 했다.

이후의 실적은 이 결정이 현명하다는 것을 증명해줬다. 다음 세 번의 거래에서 나는 24만 4,236달러의 이익을 얻었다. 거래 내용은 다음과 같다.

앨러게니 루드럼 스틸Allegheny Ludlum Steel ： 45달러 75센트에 200주 매수. 주식이 45달러에서 50달러에 형성된 박스에 진입하는 순간 매수해서 3주 후 주당 51달러에 매도했다.

쿠퍼 베세머Copper-Bessemer ： 40달러 75센트에 300주 매수. 주식이 45달러에서 50달러에 형성된 박스에 진입하는 순간 매수해서 주당 45달러 선에 매도했다.

드레서 인더스트리Dresser Industries ： 84달러에 300주 매수. 84달러에서 92달러에 형성된 박스에 진입하는 순간 매수했다. 내가 생각한 것만큼 빨리 새로운 박스에 진입하지 못해 주당 85달러 50센트 선에 매도했다.

자동 매수 주문은 내 트레이딩에 있어 큰 진전이었고, 성장하는 내 무기고에 잘 어울리는 무기였다. 나의 포병들은 이전에 사상 최고가를 넘어섰거나 넘어설 가능성이 농후한 주식이었다. 시세가 사상 최고치에 근접하는 시점(그러나 연속 3일을 넘어가지 않는)을 관찰해 박스 상한선을 설정했다. 이렇게 나는 자동 주문을 통해 언제든 가장 빠르고 쉽게 주문서를 넣을 수 있는 무기를 손에 넣게 됐다.

올바른 종목을
선택하는 법

다른 많은 사람과 마찬가지로, 나 역시 시간 자체가 돈이기 때문에 당연히 가장 짧은 시간에 가장 큰 수익을 낼 수 있는 곳에 자본을 투자하고 싶었다. 그럴 수 없다면, 오래된 아파트나 크리스마스트리용 나무를 키우는 농장 등 보통주에 투자하는 것보다 훨씬 더 안전한 방식에 투자해 돈을 버는 사람들과 비슷한 곳에 관심을 기울였을 것이다.

나는 최고의 주식을 선택할 수 있는 시스템을 갖고 싶었다. 월스트리트에선 매일 최고가를 경신하는 주식들이 쏟아지는데, 그 모든 주식을 다 살 수도 없고 다 사고 싶지도 않았다. 내게는 선별적으로 주식 목록을 축소할 수 있는 방법이 필요했다. 예를 들어, 거의 100만 달러에 가까운 수익이 난 티오콜 주식처럼 적은 양으로도 엄청난 수익을 안겨줄 주식 말이다. 나는 단타 거래에는 관심이 없었다. 빠른 속력으로 짧게 치고 빠지는 주식보다 달리고 또 달리는 챔피언 같은 주식이 더욱 흥미로웠다.

초반에 내가 고안해낸 방법은 주식을 대충 고르는 것이었다. 꼭 사들일 필요는 없었다. 각 주식의 장점을 고려하고 그동안의 거래 기록을 꼼꼼히 살펴보는 것만으로도 많은 시간을 절약할 수 있었다. 나는 일주일에 한 번씩 《배런스》 최신판을 가지고 한적한 곳에 가서 전주의 주가가 나열되어 있는 통계 섹션을 꼼꼼히 살펴봤다. 각 주식의 이름과 가격 열 왼쪽에 쓰여 있는 두 개의 좁은 숫자 열은 올해 각 주식에 지불된 높은 가격과 낮은 가격을 표시했다(1분기의 경우 전년도 정보를 알려줬다).

펜을 손에 들고 페이지를 빠르게 훑어 내려가며 머릿속으로 가격 차이를 비교했다. 해당 연도의 최저가(즉, 100% 상승)의 최소 두 배에 이르는 최고가를 염두에 두고 나는 자동적으로 그 주식이 일주일 동안 기록한 최고가를 훑어봤다. 만약 주식이 그 해의 최고점에 도달하거나 비슷한 범위에 도달했으면 바깥쪽에 체크 표시를 한 뒤 같은 방식으로 계속 주가표를 읽었다. 15분도 안 되어 나는 그 주에 살 만한 주식들을 대충 골라낼 수 있었다. 남은 주식은 버려도 되는 주식이므로 무시했다.

물론 내가 대충 훑으며 고른 주식을 매수해야겠다는 확신을 갖기 위해서는 더 확실한 검증이 필요했다. 나는 다음으로 S&P 지수나 차트, 또는 둘 다 볼 수 있는 선택지를 찾았다. 대부분의 경우, 내가 고른 주식은 그해 최고가를 찍었거나 비슷한 범위에 다다랐지만 역사상 최고치를 찍은 상태는 아니었다. 이 중요한 테스트에서 떨어진 주식은 아무리 매력적으로 보여도 자동으로 퇴출시켰다. 그다음에도 여러 번 검증 과정을 거쳤지만, 대부분 이 같은 판단에 의존했다. 사실 주식 투자를 하는 데 있어 절대적인 규칙을 정하기란 힘든 일이다.

거래량으로 확인하라

나는 일반적으로 새로운 박스에 진입한 주식은 활발한 거래량을 보이며 투자자의 관심과 주목을 끈다는 사실에 주목했다. 거래량이 적으면 투자자들의 관심 또한 적었다.

시장의 움직임을 살펴보니, 제너럴 모터스나 인터내셔널 텔레폰 앤 텔레그래프International Telephone & Telegraph 같은 인기 종목은 거래량이 많지 않았다. 나는 거래가 비교적 한산하다가 눈에 띄게 증가하는 주식을 찾았다. 어떤 식으로든 특이한 움직임을 보이는 건 그것이 주식이든 인간이든 의미가 있게 마련이라는 게 내 철학이다.

조용하던 사람이 갑자기 폭발하는 에너지를 보인다면 분명 그에게 무슨 일이 생겼다고 봐야 한다. 예를 들어, 평소엔 고지식하던 시의원이 저녁 식사 자리에서 갑자기 일어나 노래를 부른다면 그가 아주 좋은 소식을 들었거나, 술에 취한 것이라고 추측할 수 있다. 나는 주가 변동폭이 크지 않고 거래량이 별로 없던 주식이 갑자기 활기차게 솟구치는 동향을 보인다면 이유 여하를 막론하고 거기에 어떤 이유가 있는지 분석해보지도 않고 그런 움직임의 배후에는 다수의 투자자들이 있으며 곧 좋은 가격대에 매도되리라는 신호로 받아들였다.

물론 그런 움직임이 나타난 이유를 알 순 없었다. 하지만 이유를 알고 나면 주식을 매수하기엔 너무 늦은 시점이 될 것이라는 점만큼은 분명했다. 그런 움직임을 보인다는 것 자체로 내겐 충분했다. 내부자들은 외부자와 마찬가지로 자신의 믿음에 따라 행동하기 때문이다. 주가를 상승시키는 건 그들의 생각이 아니라 그들의 매수 의지다.

주식의 펀더멘털

내 주변에는 주식시장에 몸을 담은 친구들이 제법 있다. 사교 모임을 가질 때면 숙녀들에겐 미안하지만 우리는 늘 사업에 관해 이야기한다. 우리는 모두 양복을 입고 있어서 멀리서 보면 다들 비슷해 보일지도 모르지만, 조금만 가까이서 바라보면 서로 대립하는 두 진영으로 갈라진다는 것을 알 수 있을 것이다.

한쪽에는 상장법인과 관련된 재무 자료로 주식의 미래를 판단하는 사람들이 있다. 그런 사람들은 '원리주의자Fundamentalist'라고 불리는데, 그것은 그들이 소위 펀더멘털이라 부르는 자료를 통해 주식을 사고팔기 때문이다. 반대 진영에는 주식의 실제 실적을 관찰해서 어떤 주식을 사고팔지 판단하는 사람들이 있다. 그들은 기술적인 관점에서 단서를 찾기 때문에 소위 '기술자technician'라고 부른다.

하루에도 수십억 달러가 오가는 예측불허의 거래가 이뤄지는, 불과 1킬로미터 남짓의 월스트리트에 오래 몸을 담을수록 업종별 시세나 기업 실적, 회사의 투자등급, 주가 수익률 등 주식의 펀더멘털에 대한 믿음은 떨어지고, 단순히 가격을 관찰해 박스를 설정하고 이후의 주가 움직임을 지켜보는 박스이론에 대한 신뢰는 더욱 강해졌다. 이런 방식으로 나는 나만의 주식을 추가했다.

그렇다고 해서 기업이나 산업과 관련된 기본적인 정보가 주식시장에서 지닌 가치를 폄하하려는 것은 아니다. 만약 내가 월스트리트에 대해 아무것도 모르던 시절 리츠Ritz만큼 커다란 다이아몬드를 발견했다면 분명히 당장 중개인에게 전화를 현재 가격에 최대한 많은 주식을 사들이라고 요구했을 것이다. 나는 또한 자본 같은 다른 요소들도 고려했다. 나는 S&P에 문의해서 내가 눈여겨보고 있는 회사가 발행한 보통주(또는 우선주)가 몇 주인지 알아냈다. 해당 주식의 거래량을 정확하게 판단하는 데 이는 매우 중요한 정보다. 제너럴 모터스는 보통주 2억 8,300만 주로 물량이 비교적 적은 편이었다. 퍼시픽 페트롤리엄Pacitic Petroleum은 1,600만 주 이상 발행됐으며, 그중 절반을 필립스 페트롤리엄Phillips Petroleum이 보유하고 있었다.

대부분의 시장 분석가가 신뢰하거나 신뢰하는 지표라고 말하는데도 불구하고, 나는 왜 회사의 수익이 주가에 중요한 영향을 미치는지 이해할 수 없었다. 수익은 지급해야 할 배당금과 어느 정도 관계가 있지만, 나는 훨씬 더 높은 담보를 이용해 어느 저축은행에서나 그 정도 또는 그 이상을 벌 수 있었다.

그럼에도 불구하고 신탁펀드, 투자신탁 등 대규모 기관투자가들은 자신들의 자금과 투자 이익을 주식에 투자했다. 이런 결정은 월스트리트가 그토록 경건하게 믿는 마법, 수익 대 가격 비율에 기초했다. 투자의 논리적 근거로 실적 추이에 집중하는 이들 거대 자본을 지켜보면서 나는 최고 실적, 다시 말해 실적 증가에 대한 기대감이 주가 상승을 유발하는 가장 큰 요인임을 깨달았다. 아울러 다른 모든 요인이 동일한 주식 중에서 실제 수익이나 예상 수익 면에서 가장 큰 매력을 가진 주식을 선택하는 게 가장 좋은 방법이라는 결론을 내렸다. 왜냐하면 많은 투자자가 그 주식을 살 것이고, 집단적인 결정이 가격을 올리는 확실한 방법이라는 걸 알고 있었기 때문이다.

건전한 심리적인 이유로, 나는 내가 관심을 가지고 있는 주식을 발행한 회사에 대해 꼭 알아야 할 정도만 알아봐야겠다고 결심했다. 사람의 마음은 중요하지 않은 정보에 쉽게 흔들리기 때문이다.

또한 나는 내가 선택한 주식이 정적이거나 사양하는 산업과 관련 있는지도 알아봤다. 어디선가 보니, 자동차에 부착하는 안테나를 만드는 회사의 주식이 꽤 괜찮다고 했다. 그런데 생각해보니 더 이상 사륜차를 생산하지 않기 때문에 안테나 수요가 그만큼 줄어들 것이고, 따라서 규모가 큰 정부의 계약을 따내는 게 아니라면 월스트리트에서 이런 안테나 제조업체가 큰 파문을 일으킬 리 없다는 판단에 이르렀다. 경험들이 쌓이면서 주식을 선택할 때, 순수한 기술적 접근법보다 더 장기적인 관점에서 주식시장을 바라봐야 한다는 사실을 깨달았다.

나는 런던에서 이런 내용을 종이에 옮겨 적어놓았다. 말 그대로 실행 가능한 시장 이론을 종이에 적고 있는데, 누군가 무례하다는 듯 내 메모를 뺏어갔다. 극장에서 엄청나게 재미없는 뮤지컬을 관람하는 도중이었다. 막간 휴식 시간이 되자, 안내원이 다가와 내게 차 쟁반을 건네주었다. 문명화된 관습이라나! 나는 더 이상 미지근한 차는 마시고 싶지 않았으므로 차 쟁반은

[자료 5] 주식 투자 방법

기술	펀더멘털
박스이론	자본
거래량	업계
현재 가격과 과거 최고 가격	예상 수익
자동 주문	

내버려두고 연필과 수첩을 꺼내 다음과 같이 휘갈겨 썼다.

적어놓은 내용을 보면 볼수록 내 방법이 두 가지 진영을 융합한 것에 불과하다는 생각이 들었다. 다시 공연이 진행되는 사이, 나는 내가 만든 공식의 이름을 짓기 위해 머리를 굴렸다. 테크-멘탈? 아니, 별로다. 펀디컬? 좀 우습다. 테크노-펀드? 멍청한 느낌이다. 테크노-펀더멘털. 꽤 괜찮은 것 같다. 그때 옆에 앉은 사람이 내게 프로그램을 좀 보여달라고 해서 건네주었다. 그때 엄격하기 그지없는 안내원이 다가와 미적지근한 홍차, 비스킷, 그리고 새롭게 개발한 주식 이론에 대한 메모가 올려져 있는 차 쟁반을 가져가버렸다. 여기서 추측할 수 있는 것 하나. 나만 테크노 펀더멘털리스트Techno Fundamentalist가 아닐 수도 있다.

Playing in the Casino
—My Selling Game

수익을 지키는
최고의 한수

하락하는 주식을 보유하고 있는 건, 피 같은 돈이 눈앞에서 녹아 없어지는 지켜보며 백일몽에 빠지는 것에 불과하다. 나의 시장 철학은 월스트리트의 격언처럼 싸게 사서 비싸게 파는 것이 아니라 주가가 오르는 주식을 사고 하락하는 주식을 파는 것이다.

주식시장은 지능적이고,
감정적인 실체처럼 행동하며, 기쁨이나 우울함, 행복,
그리고 빈혈 같은 다양한 건강 상태를 보인다.
흔히 황소나 곰을 주식시장에 비유하지만
그건 정확한 표현이 아니다. 오히려 수천 명의 열정적인
도박꾼과 장난삼아 도전하는 소수의 사람들,
그리고 그들의 칩으로 도박하는 커다란
(그리고 작고 다양한) 카지노라는 게 정확하다.

철학자라면 큰 위험을 감수하지 않고 큰 보상을 기대하는 것은 불합리하다고 말할 것이다. 그러나 모든 분야에서 똑똑하다고 자부하는 기업가들은 끊임없이 위험을 줄이면서 보상을 크게 늘리는 것을 추구한다. 인간은 누구나 일확천금을 바란다. 우리 모두 드물지만 그런 일이 일어나기도 하고, 그렇게 자수성가한 백만장자가 분명 존재한다는 것을 안다. 조금만 찾아봐도 주식시장에서 떼돈을 번 유명 인사가 아주 많다는 것을 쉽게 알 수 있다.

하지만 내게는 그 무엇보다 위험 요인을 줄일 수 있는 방법이 중요했다. 나는 많은 돈을 벌고 싶었다. 그렇다. 돈으로 얻을 수 있는 독립성이 필요했다. 그리고 월스트리트라는 카지노를 이기는 멋진 일을 달성해보고 싶었다. 동시에 이미 내 것이

되어버린 돈을 잃고 싶지 않았다. 이 모든 것을 다 이루고 싶어 더욱 조바심이 났다.

나는 100달러에 산 주식이 90달러로 떨어지면, 더 이상 100 달러가 아니라 90달러의 시장가치를 가진 (심지어 거기서 수수료도 빼야 하는) 주식의 소유자라는 현실적인 감각을 가진 사람이다. 현실을 제대로 인식하지 않는 것은 좋게 말해봤자 정신 승리에 불과하다. 그것도 그 무엇보다 최악의 결과를 빚어내는 정신 승리다.

나는 내 돈 100달러가 잠깐 내 손을 떠났지만, 언젠가 다시 돌아오리란 희망을 품지 않았다. 달갑지 않지만 내 100달러가 더 이상 내 손이 아닌 매수인과 중개인의 호주머니에 있다는 게 현실이다. 그 돈은 더 이상 내 돈이 아니다. 내가 교환할 수 있는 주식은 과거 100달러에서 이제 90달러짜리가 되어버렸다. 아니, 어쩌면 80달러, 70달러로 더 떨어질 수도 있다. 다음 주 주가가 어떻게 될지 누가 알겠는가? 다음 달에는, 내년에는 또 어떻게 변할지 누가 알겠는가?

이러한 관점에서 생각하다 보니, 나는 실제로 주가가 상승하거나 가까운 미래에 상승할 확률이 높은 주식만 매수하고 싶었다. 지금까지도 그런 마음을 지켜서 좋은 성과를 낼 수 있었다. 하락하는 주식을 보유하고 있는 건, 내 피 같은 돈이 눈앞에서 살살 녹아 없어지는 지켜보며 백일몽에 빠지는 것에 불과하다. 나의 시장 철학은 월스트리트의 격언처럼 싸게 사서 비싸게 파는 것이 아니라 주가가 오르는 주식을 사고 하락하는 주식을 파는 것이라고 요약할 수 있다.

전화기를 손에 들고 주식을 사들이는 투자자들이 종종 있다. 나도 한때는 그런 사람이었다. 말 그대로 15분마다 중개인에게 전화를 걸어 "로릴라드는 어때? 폴라로이드는 어때?" 하고 묻는 사람. 대형 증권사에 가면 달리 할 일도 없고 도박에 대한 열정도 없는 사람들이 온종일 죽치고 앉아 시간대별로 시장에 영향이 미칠지도 모르는 뉴스 속보를 보면서 소위 '찌라시'를 주고받는 모습을 쉽게 볼 수 있다.

나는 월스트리트에 가까이 가는 것이 트레이딩을 하는 데 있어 치명적이라는 것을 깨달았다. 나는 시장의 사소한 변동, 곧 있을 합병·인수·분할에 대한 이야기에 너무 쉽게 휘둘리는 경향이 있다. 그러한 상태에서는 어떤 종류의 시스템도 굳건히 고수할 수 없다. 나는 오히려 뉴욕을 떠났을 때, 특히 전 세계를 2년 동안 떠돌았던 시기에 가장 수익성이 높은 투자를 했다는 사실을 깨달았다.

뉴욕에서는 사실상 중개인의 손아귀에 잡혀 있으면서 내가 한 모든 것이 잘못됐을지도 모른다는 생각에서 벗어날 수 없었다. 나는 늘 긴장했고, 초조했고, 두려웠다. 나는 늘 주식을 너무 늦게 샀고, 너무 빨리 팔았다. 지구 반대편의 도쿄, 사이공,

카트만두에 있을 때는 공사관이 어렵사리 제공하는 불확실한 전보 서비스가 월스트리트와 연락할 수 있는 유일한 수단이었다. 그런 상태가 되고 나서야 나는 트레이딩에 대한 나의 원칙을 다잡을 수 있었다.

일주일 혹은 그것보다 늦게 도착한 《배런스》 지난호는 지금 주식이 어떻게 움직이는가가 아니라 주식이 무엇을 하고 있었는가를 보여주었다. 더 이상 찌라시는 필요없었다. 매일매일 실리는 분석 칼럼은 약간의 하락이나 상승에 대해 그럴듯하지만 신뢰할 수 없는 설명을 떠들어댈 뿐이었다. 시간이 지난 후에 읽어보니 그들이 무슨 의도를 가지고 있는지, 그들이 하는 일이라는 게 무엇인지 정확히 파악할 수 있었다.

중개인에게 전보로 전달받는 짧은 일일 시세는 내가 관심을 갖는 주식에 관한 필수 요소인 매일의 최고가, 최저가, 그리고 종가를 즉각 알려주었다. 바로 이것이 내가 알아야 할 모든 정보였다. 《배런스》와 함께 오는 일일 시세만으로 나는 월스트리트 증권사에 앉아 있을 때보다 훨씬 더 정확하게 박스이론을 적용할 수 있었다. 현장에서 멀리 떨어져 있다 보니 주식의 특징적인 패턴을 객관적으로 파악하고, 내 목적과 무관한 정보를 모두 지울 수 있었던 덕분이었다.

이처럼 주식시장을 명확하게 파악하는 것은 트레이딩이라는 전투에서 성공하는 데 절반의 조건을 갖춘 것에 불과했다.

갑자기 하락세를 탈지도 모르는 시장에 갇히는 것을 피하기 위해 나는 어떤 주식이라도 하한가로 미끄러질 조짐을 보이자마자 팔 준비를 했다. 뉴욕에서는 단순히 중개인에게 전화를 걸면 그만이지만, 카트만두에선 자동 안전 장치가 필요했다. 중개인에게 바로 연락을 할 수 있든 없든, 위험의 징후가 보이면 바로 매도 주문을 할 수 있는 장치 말이다.

이 필수 불가결한 안전장치는 바로 나의 무기고에서 두 번째이자 가장 중요한 자동 무기인 손절매 주문이었다. 손절매 주문을 이용하지 않는다면, 나는 신뢰할 수 없고 짧게는 몇 시간에서 길게는 며칠이고 먹통이 되곤 하는 통신에 의존할 수밖에 없었다.

손절매 주문과 박스이론만으로도 나의 시스템은 완벽해졌다. 덕분에 월스트리트에서 수백 킬로미터 떨어진 곳에서도 충분히 트레이딩을 할 수 있었다. 오히려 실제로 현장에 있는 것보다 더 나았다. 그리고 무엇보다도 월스트리트에서 무슨 일이 일어나든 매일 밤 편히 잠자리에 들 수 있었다. 손실이 쌓일 때면 나는 좀처럼 잠을 이루지 못했다. 그러나 손절매 주문을 적용하자 주식은 종목과 상관없이 자동으로 거래소 현장에서 주문을 넣는 중개인을 거쳐 팔았을 법한 가격에 팔렸다.

어렵게 생각할 필요 없다. 손절매는 복잡할 게 전혀 없다. 매입 주문을 하는 것처럼 단순하다. 가격을 미리 설정해두기만

하면 된다. 특정 주식을 취급하는 전문가에게 중개인이 주문을 전달하면, 미리 정해놓은 가격까지 주식이 떨어졌을 때 매도하는 것이다.

손절매 주문을
적용하는 법

나는 주가가 오를 것으로 예상되는 지점에 가까워지면 계속해서 주식을 사들였다. 수백 개 개별 주식을 특정하는 동향 관찰을 토대로 나의 이론은 주식이 박스권 범위 내에 있고 시장의 움직임이 설정한 범위 내에 있는 한, 시간별 가격이나 일일 변동 가격에 신경쓰지 않았다. 하지만 주식이 이제까지 반등했던 것 이상으로 상한선을 뚫고 나아가면 곧바로 사들였다. 한 주식이 이전 상한선을 통과하고도 계속 상승 방향으로 움직이면 누적된 매수력이 소진될 때까지 계속해서 상승한다는 것을 그동안의 경험으로 알고 있었기 때문이다.

박스권 상단을 지나 주식이 폭발적인 움직임을 보이면 상황이 달라졌으니 당장 행동에 나서야겠다는 생각이 들었다. 새로운 상승세는 마치 피스톤헤드 뒤에 모여 있던 증기가 압축 지점에 도달할 때까지 압력이 계속 증가하다가 피스톤을 갑자기 앞으로 밀어내는 것처럼, 빠르게 늘어나는 매수자의 수요 압력에 의해 가격이 솟구쳐 오르는 움직임을 만들어내기 때문이다.

반대로, 박스 안에서 안전하게 튀어올랐다가 떨어지던 주식이 갑자기 미끄러질 경우, 바닥을 친 주식 가격이 안전한 움직임을 보일지 예측해야 했다. 가격의 뒷받침이 없어지면 그 이유가 무엇이든 간에 무언가 중요한 일이 벌어질 것이라는 신호라고 생각하고 주저하지 않고 주식을 팔았다. 일단 바닥이 뚫리고 나면 가격이 얼마나 떨어질지 알 길이 없기 때문이다.

다른 사람들의 생각과 다르게, 나는 하락하는 주식을 떠안는 행위는 얻는 것 없이 그저 잃기만 하는 결과를 낳을 뿐이라고 봤다. 그렇게 저지른 실수들이 1,000달러 혹은 그 이상의 손해로 귀결된다면 언젠가 주가가 회복돼 실수를 만회할 수 있으리라는 희망은 밑천이 털린 도박꾼의 정신 승리나 다를 바 없다. 나는 손실을 막기 위해 하락세가 시작됐다고 확신하는 바로 그 순간, 주식을 팔고 싶었다. 내가 원하는 시점은 바로 박스 밑바닥을 관통하는 순간이었다.

주가는 박스 안에서 얼마든지 바닥에 부딪힐 수 있다. 사실 나는 그런 움직임이 건강한 효과를 갖는다고 생각한다. 마치 도약하기 위해 점프하는 단거리 선수처럼 말이다. 실제로 차익 실현을 노리며 소심하게 망설이거나 불확실성을 갖고 도전하는 투자자를 떨쳐낼 수 있기 때문에, 이후 가격이 오를 경우 훨씬 더 강한 반등을 기대할 수 있다.

주식이 만약 35달러에서 40달러에 형성된 박스 안에 있다면, 나는 해당 주식이 얼마나 자주 35달러를 기록하는지 상관하지 않았다. 하지만 박스 밑바닥을 뚫고 떨어지는 순간, 박스를 약화시키는 어떤 일이 일어난 것이라고 생각했다. 이런 상황에서는 다음 박스에 도달하기 전까지 과연 주식 가격이 얼마나 떨어질지, 혹은 새로운 박스가 언제 생길지 예측하기란 매우 어려운 일이다. 그런 이유로 나는 박스의 하한선을 기준으로 손절매 주문을 걸어뒀다. 그전에 박스의 크기를 신중하게 결정했음은 물론이다.

사실, 나는 도박꾼처럼 손절매 주문을 이용했다. 좋은 카드를 테이블 위에 올려놓을 수 있을 때까지 말이다. 나는 손절매를 그물로 사용했다. 오를 것이란 확신에 차서 주식을 사들였고, 새로운 주식을 이용해 수익을 싹쓸이할 것이라고 믿었다. 물론 결과는 늘 아름답지 않았다. 그래서 새로 사들인 주식이 나를 비웃듯 하락세로 돌아설 경우 감수해야 하는 손해를 가능한 한 줄이고 싶었다. 손절매는 일종의 안전망, 즉 자동 회로 차단기 역할을 하는 식으로 구매 가격 대비 손실을 줄여줄 수 있는 장치였다. 그렇게 시스템을 정비해두고 나니 밤에 잠이 잘 왔다. 나는 새로운 주식을 사고 출국한 뒤 이 모든 것을 머릿속에서 지워버렸다. 그렇게 하더라도 내가 계속 보호받을 수 있다는 걸 알았기 때문이다.

좋은 친구이자 주식에 대해 다양한 이야기를 함께 나누곤 했던 젊은 변호사 친구와 어느 날 롱샴에서 점심을 먹었다. 하버드 대학을 졸업한 그는 내가 주식 투자하는 법에 대한 설명을 듣고 나서 매우 비전통적인 방식이라고 말했다. 우리는 평소처럼 논쟁을 벌였다. 그가 말했다. "당신은 늘 운이 좋았군요." 난 반박하기에 앞서 그에게 설명을 해주었다. 연필을 꺼내 레스토랑 테이블보 위에 메모를 하며 내 이론을 설명하기 시작했다. "이 주식이 35달러에서 40달러에 형성된 박스에 들어가 있다고 치자고. 단순히 말해서 이 주식의 역대 최고가는 40달러야. 주가의 움직임이나 박스를 관찰해보니, 일단 주가가 40달러를 돌파하면 확실한 상승세를 보일 것이기 때문에 이 시점에는 무조건 매수해야 해. 그래서 나는 보통 40달러 10센트 선에 주문을 넣어둬. 그리고 관찰했을 때 새롭게 고공행진하는 주식은 보통 박스 하향선 아래로 떨어질 가능성이 낮기 때문에 (추세가 확실히 역전됐다고 보이지 않으면) 39달러 90센트 선에 40달러짜리 주식의 손절매 주문을 해두는 거야. 내 이론으로 보면 보통 주가가 더 올라가 새로운 박스가 결정되기 전까지는 39달러 90센트가 안전선이거든. 주가가 떨어지더라도 그 가격이면 팔릴 테니까."

내게 손절매는 항상 안전망 역할을 해주었다. 위험한 첨탑을 오르는 수리공처럼 높이 오르는 나를 든든하게 받쳐주었다.

설사 주가가 떨어지더라도 내겐 안전망이 있었다. 덕분에 한 층 이상 떨어지는 일이 없었다. 내 경우에는 박스 하나라고 해야 할까.

손절매는 안전망으로서 가치가 있지만 다른 가치가 있다는 것도 잘 알고 있었다. 나는 어떤 시점에 사야 하는지 경험을 통해 배웠다. 그에 따른 결과도 꽤 만족스러웠다. 하지만 언제 팔아야 할지에 대한 요령은 영 파악하기가 어려웠다. 박스를 이용해 주가의 흐름을 도표화하면서 상승세를 지켜봤다. 내가 볼 수도, 추측할 수도 없는 것은 언제 주가가 최고점에 달할 것인가 하는 점이었다.

나의 타협안은 주가가 최고점에 도달했을 무렵 최고가에 최대한 근접해서 매도하는 것이었다. 보통 그 시점에 주가가 역전되면서 최고가의 박스 바닥에서 미끄러져 하락세로 진입한다는 확실한 징후를 보였다. 내가 할 일은 최고가에서 몇 포인트 이내에 주식이 팔릴지 확실히 알기 위해서 주가가 상승하면 동시에 손절매 주문을 거는 것뿐이었다. 대부분 몇십 센트 차이였지만, 한 번도 최고가를 정확히 맞힌 적은 없다.

이 자동 일괄 매도 방법은 내가 성공할 확률을 높여주고, 손실을 최대한 줄이면서 너무 늦기 전에 현금으로 바꾸고, 내 수익을 보호할 수 있는 방식이었다. 그리고 무엇보다 카지노의 돈을 딸 수 있었다!

나는 어떻게 일괄 매도로
소예언자가 됐을까?

많은 사람들이 나를 '나는 주식 투자로 250만 불을 벌었다'의 남자라고 불렀다. 또한 '주식시장의 몰락을 예언한 사람' 혹은 '소예언자'라고도 불렀다. 왜냐하면 내 이론이 1962년 5월 30일의 큰 하락장을 예견했기 때문이다. 보다 현실적인 이유로, 4개월하고도 15일 전 나는 모든 주식을 털어냈다. 내 행동은 슬럼프의 중요성을 과하게 강조한 예시라고도 볼 수 있다.

사실 1962년 5월 하락장은 전문가들이 '바로잡을' 수 있다던 시기보다 이미 한참 지난 후에 나타났다. 그 어떤 장기 투자용 주식 차트도 간략하게만 살펴보면, 주식이 '상승'과 '하락'의 규칙적인 리듬을 보이며 호황과 불황을 넘나든다는 걸 알 수 있다. 따라서 1962년의 대폭락은 그 규모가 역대급일 뿐, 전혀 이상할 게 없었다. 주식이 평소보다 더 크게 폭락한 것은, 과거보다 훨씬 높은 수준으로 급등했기 때문이었다. 당연히 더 큰 폭으로 떨어질 수밖에 없었다는 뜻이다.

중개인과 시장 분석가들은 주식시장을 보다 일반적인 용어로 설명하는 것을 선호한다. 그러나 주식시장은 어떤 면에선 지능적이고, 감정적인 실체처럼 행동하며, 기쁨이나 우울함, 행복함, 그리고 빈혈 같은 다양한 건강 상태를 보인다. 다소 추상적이지만 비유하자면 그렇다는 뜻이다. 흔히 황소나 곰을 주식시장에 비유하지만 그건 정확한 표현이 아니다. 오히려 수천 명의 열정적인 도박꾼과 장난삼아 도전하는 소수의 사람들, 그리고 그들의 칩으로 도박하는 커다란 (그리고 작고 다양한) 카지노라는 게 정확하다. 주어진 종목에 돈을 거는 사람들 중 비관론자보다 낙관론자가 많다면 주식은 당연히 상승한다. 반대 상황이라면 주식은 폭락한다. 여러 종목이 침체에 빠진다면 우리는 이를 '약세장'이라 한다. 이 모든 현상은 매우 복잡한 형태의 게임처럼 보이기도 한다.

내가 이길 수 있는 유일한 방법은 게임이 어떻게 진행되는지 관찰하는 것이었다. 게임이 계속해서 비슷한 흐름으로 진행된다는 쪽에 돈을 걸고, 만약 흐름이 달라지면 돈을 뺐다(손절매 주문을 통해서 말이다). 게임 방식을 조금 더 복잡하게 표현해야 할 이유가 있는 사람들은 일반적인 용어를 사용한다. 예를 들어, 30개 종목의 다우존스 산업평균지수 같은 기준에 의해 측정되는 주식시장의 '전반적인 성장' 같은 표현 말이다.

나는 이런 종류의 사고에 어느 정도 영향을 받았다. 당연히 그럴 수밖에 없었다. 왜냐하면 평균과 개별 주식의 성과 사이에는 심리적 연관성이 있기 때문이다. '시장이 하락세다'라는 말을 믿으면 투자자들은 그 어떤 주식이라도 매수하기 부담스러워한다. 하지만 상황이 역전되어 평균 주가가 상승하면, 내가 해야 할 일이 오로지 시류에 편승하는 것뿐이라는 게 반드시 정답은 아니다. 상승하는 시장에서는 당연히 많은 주식이 오른다. 그렇기 때문에 평균 주가가 상승하는 게 아닌가. 하지만 나는 주식시장이 호황을 누릴 때도 많은 주식이 하락하는 것을 봤다. 개별 주식은 하나의 범주에서 다른 범주로, 매주 매일 종종 1분마다 끊임없이 왔다 갔다 한다.

내가 아는 중개인 한 사람은 보통주에 투자하는 것이 인플레이션을 이기는 가장 좋은 방법이라고 말했다. 다우존스와 다른 평균 지수는 부풀려진 물가에 보조를 맞추기 위해 상승하는 모습을 보이기 때문이다. 반면 저축, 채권 이자 등으로 인한 고정 수입은 보조를 맞추지 못했다. 투자된 자본이 그대로 유지될 뿐이었다.

이건 사실 피상적인 분석이다. 왜냐하면 존재하지 않는 개념을 설명하고 있기 때문이다. 오늘날 다우존스 산업평균지수는 20년 전보다 훨씬 높은 상태다. 그런데 쉽게 간과되는 것이 있다. 지수가 산출되는 30개 종목이 반드시 매년 같은 종목은 아니라는 점이다. 쇠퇴하는 종목은 버려지고 끊임없이 새로운 종목으로 대체된다.

평균 지수가 오르면 당연히 좋은 일이다. 하지만 내가 보유한 주식은 어떨까? 불행히도 나는 평균값으로 주식을 살 수 없다. 나는 하나 혹은 두세 개 개별 주식에 도박을 걸어야 한다.

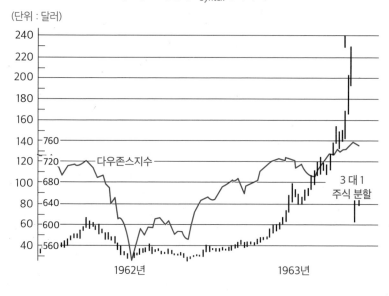

[그래프 12] 신텍스Syntex 주가 추이

(단위 : 달러)

다우존스지수

3 대 1
주식 분할

1962년   1963년

그리고 평균 지수로는 이 특정 종목의 흐름을 결코 예상할 수 없다.

일종의 정신적 이상인 평균 지수와 개별적이고 구체적인 주식 가격의 차이는 고전적인 비유를 떠올리게 한다. 아리스토텔레스는 또 다른 저명한 그리스인 에우리피데스의 작품에 대해 다음과 같이 말했다. "나는 작품 속 사람을 이상적인 인물로 그리는 반면, 에우리피데스는 사람을 있는 그대로 그린다." 나는 경험을 통해 개별 실적에 따라 각각의 주식을 판단하며, 있는 그대로의 주식에 주목해야 한다는 깨달음을 얻었다. 평균은 일종의 환상이다. 진정한 의미에서 평균 주식이란 없다.

주식시장은 오히려 날씨나 계절과 비슷하다. 여름에는 햇볕이 내리쬐고 기온이 상승한다. 우리는 어떤 활동을 계획할 때 이런 점들을 고려한다. 하지만 태양이 빛나고 있다고 해서 천둥이 치고 소나기가 내리지 않으리란 보장이 없고, 산에서 밤을 보내는데 날씨가 쌀쌀해지지 않을 수도 있다. 실제로 나는 6월에 눈이 펄펄 내리는 광경을 본 적도 있다. 중요한 건 포괄적으로 묘사되는 계절 속에 다양한 이변이 존재할 수 있다는 것이다. 모든 계절을 한결같이 편안하게 보내려면 선별적으로 선택해야 한다. 나는 다른 사람의 햇볕 아래서는 따뜻함을 느낄 수 없다. '보통'의 우산 아래서는 비를 피할 수 없다. 나에게는 나만의 계절, 나만의 기준이 필요하다. 나는 그게 자동으로 이루어지길 원했다.

많은 시장이 거치는 우기와 몇 번의 폭우, 그리고 1962년 5월의 홍수 속에서 비를 피할 수 있었던 자동우산이 내게는 손절매 주문이었다. 박스이론과 손절매 주문은 1957년 가을부터 내게 수익을 가져다 주었다. 2년간 댄서로 월드 투어를 하고 있던 시기였다. 그중에서도 수익이 쏠쏠했던 주식은 담배 회사 로릴라드였다. 이전엔 들어본 적도 없는 회사였다.

사이공의 아크 앙 시엘 호텔에서 공연하던 중이라 나는 미국에서 필터 담배 붐을 일으킨 폐암의 공포에 대해 듣지 못했다. 로릴라드 주식에서 내 관심을 끈 부분은 오로지 실적이었다. 시장은 침체되어 있었지만, 내게는 많은 돈을 받고 주식시장을 분석해줄 전문가가 필요하지 않았다. 《배런스》에 실린 주식 실적만 대충 훑어봐도 정보는 충분했다. 주식시장은 하락세였다. 오직 로릴라드만 빼고 말이다.

뉴욕 주식시장에서 이 종목만 계속해서 상승하고, 상승하고, 또 상승하고 있었다. 로릴라드 주식은 짧은 시간 동안 17달러에서 27달러까지 꾸준히 상승하는 모습을 보였다. 10월 첫째 주, 거래량은 끊임없이 늘어나 총 12만 7,000주가 됐다. 그해 초 주간 거래량이 1만 주 정도였던 것과 상당한 차이가 있다. 이 시기, 로릴라드는 24달러에서 27달러에 형성된 좁은 박스 범위에서 움직였다. 과거의 실적으로 미루어볼 때, 27달러를 돌파하면 적어도 3~4포인트 정도 오르리라는 판단을 내렸다. 그래서 로릴라드가 박스 안에서 오르락내리락하고 있을 때, 나는 하락세를 보이는 다른 주식들에는 눈길도 주지 않은 채 중개인에게 로릴라드 주식 200주를 27달러 50센트에 매수하고, 손절매 주문은 26달러로 설정해달라고 했다.

이 주문만 보면, 이 시점에 내가 박스이론을 엄격하게 고수하지 않았다는 것을 알 수 있을 것이다. 그랬다면 손절매 수준을 매수 가격에 훨씬 더 가깝게 설정했을 것이다. 당시 나는 박스이론을 완전히 정립한 게 아니었다. 나는 잘못된 선택을 할 수도 있으니 약간의 여유를 남겨두는 게 좋겠다고 생각했다.

그런데 예상외로 하루 동안 주가의 움직임이 역전됐고, 주식시장에서 로릴라드 주식은 26달러에 매도됐다. 같은 날 주가는 26달러 75센트까지 회복됐다. 실망스러웠지만 상승세는 계속됐다. 나는 원칙적으로 옳다는 확신을 갖고 28달러 75센트에 로릴라드 주식을 다시 사들였다. 주가의 흐름은 내 결정을 정당화해주었다. 그해 12월 로릴라드는 31달러에서 35달러라는 새로운 박스에 진입했다. 1월이 되자 또다시 상승했다.

그 무렵 방콕에서 공연을 마치고 일본으로 향하던 나는 항공편으로 배달되는 바람에 며칠 늦게 도착한 《배런스》와 중개인이 보내온 일일 전보를 통해 내가 관심 있던 주식의 견적을 파악할 수 있었다. 나는 도쿄에서 중개인에게 로릴라드 주식을 400주 더 매수하라고 전보를 보냈다. 가격은 35달러에서 36달러 50센트 선이었다.

로릴라드는 첫 번째 주요 하락세를 보이기 전 44달러 선까지 상승했다. 필터 담배에 대한 부정적인 보고서가 발표되자 주가는 짧은 기간 공황 상태에 빠지며 36달러 75센트까지 떨어졌다가 37달러 75센트로 마감했다. 하락폭이 더 커질 것으로 우려한 나는 즉시 뉴욕으로 전보를 치고 손절매 가격을 36달러로 높였다.

그러나 폭락은 그저 일시적인 움직임일 뿐이었다. 로릴라드 주가는 또 올랐다. 상승세에 힘입어 이번엔 38달러 선에서

400주를 더 매수했다. 3월까지 로릴라드는 50달러에서 54달러의 박스 안에 확고히 들어 있었다. 나는 내가 소유하고 있던 1,000주의 손절매 가격을 49달러로 올렸다.

총 거래 가격은 3만 5,827.50달러로, 나는 28달러 75센트에서 38달러 정도의 가격에 매수했다. 마지막 세 번째 매수는 이익을 내서 다른 벤처 회사를 위해 상당한 자본을 축적할 수 있었다.

몇 주 동안 계속 오르던 로릴라드는 마침내 기세가 꺾이기 시작했다. 5월 중순, 기대한 만큼 힘차게 상승하지 않고 거래량이 떨어지고 있다는 것을 확인한 나는 주식을 매도하기로 결정했다. 손절매 주문으로 심각한 손실을 예방할 수 있었지만, 다른 한편으로 생각해보니 주가가 움직이지 않는 것만으로도 손해를 보고 있는 것 같았다. 나는 내가 보유하고 있던 1,000주를 평균 58달러에 팔았다. 총액 5만 6,880.45달러, 총수익 2만 1,052.95달러였다.

박스이론에 대한 나의 자신감은 또 다른 투자를 부추겼다. 이번에 나의 눈길을 끈 것은 다이너스 클럽Diners' Club이란 미국의 신용카드 회사로, 엄청난 인기를 끌고 있는 종목이었다. 첫 거래에서 24달러 50센트에 500주를 매수했다. 곧바로 26달러에 500주를 더 사들였다. 다이너스 클럽은 거의 완벽한 박스(28달러에서 30달러)를 형성하며 32달러에서 36달러를 기록했다. 그리고 마침내 3월 말, 36달러 50센트에서 40달러 박스에 진입했다. 나는 손절매 수준을 36달러 선까지 끌어올렸다. 한동안 지지부진하던 다이너스 클럽에 대한 사람들의 관심이 시들해지면서 4월 마지막 주 박스 밑바닥이 뚫렸다. 나는 곧바로 매도했다. 수수료를 뺀 매입 가격은 3만 5,848.85달러, 수익은 1만 328.05달러였다.

로릴라드와 다이너스 클럽의 수익을 바탕으로 자금을 축적한 나는 빠르게 다음 종목을 찾아 나섰고, 곧 내가 투자할 종목을 결정했다. 1958년 4월 놀라운 판매량을 보이기 시작한 바닥재 회사 E. L. 브루스E. L. Bruce였다. E. L. 브루스는 5월까지 매주 7만 5,000주 이상의 거래량을 기록하면서 주가가 두 달 만에 18달러에서 50달러까지 올랐다. 주가의 움직임을 지켜보면서 나는 E. L. 브루스가 고공행진을 하면서 충분한 투자 자본을 모아줄 것이라 확신했다. 그해 5월 E. L. 브루스 매입 내역은 다음과 같다.

E. L. 브루스 500주, 50달러 75센트

E. L. 브루스 500주, 51달러 10센트

E. L. 브루스 500주, 51달러 75센트

E. L. 브루스 500주, 52달러 75센트

E. L. 브루스 500주, 53달러 60센트

2,500주를 매수하는 데 필요한 금액은 총 13만 687.55달러였지만, 50% 마진 거래로 실제 투자한 자금은 그 절반 정도였다. 이 기간에 주식시장의 물밑에서 엄청난 일이 벌어져 주가에 영향을 미쳤지만, 나는 솔직히 아무것도 알지 못했다. 내가 알고 있는 것은 《배런스》와 다양성을 이유로 계약한 세 명의 중개인에게 매일 받는 전보뿐이었다.

[그래프 13] 로릴라드 주가 추이

이런 이유로, 인도 콜카타에 있는 그랜드 호텔에서 아멕스가 갑자기 E. L. 브루스 거래를 중단시켰다는 전화를 받았을 때 하마터면 손해를 볼 뻔했다. 당시 주가는 77달러였다.

중개인 중 한 명이 전화로 E. L. 브루스에서 회사 경영권을 놓고 싸움이 벌어지고 있다고 말해주었다. 에드워드 길버트라는 뉴욕의 제조업자와 동료들이 분주하게 주식을 사들이면서 거래량이 엄청나게 늘어나 기업 투쟁에 대해 알지 못했던 투자자들의 공매도를 크게 자극했다. 사람들은 E. L. 브루스 주가가 계속 오를 수도 있다는 것을 믿지 못했다. 주가가 계속 오르자, 공매자들은 주식을 되찾기 위해 어떤 가격으로든 E. L. 브루스를 사들일 수밖에 없었다. 아멕스 경영진이 질서 있는 시장을 유지하기 어렵다고 판단할 만큼 상황은 광적인 분위기로 치달았다.

물론 거래 중단으로 공매도 문제가 해결된 것은 아니다. 사람들은 여전히 대출을 갚아야 했다. 다시 말해, 어떻게든 장외로 나가 E. L. 브루스 주식을 어떤 가격으로든 다시 사들여야 했다. 당시 장외시장 가격은 100달러 선이었다. 내 중개인은 이렇게 물었다. "팔고 싶으세요?"

말 그대로 10만 달러짜리 질문이었다. 당시 매도한다면 얻을 수익이 대략 그 정도였다. 하지만 이건 원칙의 문제였다. 내 이론이 맞는다면, 상승하는 주식을 현금이 급한 것도 아닌데 굳이 팔 이유가 없었다. 나는 기다리기로 했다. 주가는 계속 올랐다. 주식이 장외시장에 있었기 때문에, 손절매를 설정할 수 없었다. 여러 중개인이 제각각 더 높은 가격을 제시했다.

가격이 최고조에 이른 것처럼 보이자 나는 주식을 100주, 200주 정도씩 쪼개 팔기 시작했다. 내가 가진 2,500주의 매도 가격은 총 42만 7,500달러로 주당 평균 171달러에 달했다. 총 수익은 29만 5,305.45달러였다. 나는 큰 성공을 거두면서 내 시스템의 유효성을 확인할 수 있었다. 이보다 더 큰 규모의 거래도, 이보다 더 큰 이익을 안겨준 거래도 있었지만 이보다 더 큰 만족감을 준 거래는 없다.

E. L. 브루스 경영진의 권력 투쟁은 연일 국제 신문의 헤드라인을 장식했다. 시작부터 끝까지 매혹적인 이야기였다. 패주가 된 에드워드 길버트는 나가떨어졌다. 그사이 나는 나의 박스이론과 약간의 행운에 기대 상당한 수익금을 거머쥐었다.

나는 주식시장에서 거래하면서 모든 단계마다 박스이론을 적용해 이를 시험하고 다듬었다. 그중에도 앞서 언급한 티오콜을 거래하면서 내가 일으킨 쿠데타는 가장 큰 규모의 이익을 안겨주었다. 당시 나는 단번에 86만 2,000달러를 벌어들였다.

나의 이론을 계속 적용하면서 알게 된 사실이 있다. 이론을 고수할수록 더 많이 벌고 걱정거리가 더 줄어들었다는 점이다. 조금만 궤도를 벗어나도 나는 늘 잘못된 결과를 얻었다. 특히 시장의 흐름이 바뀌기 시작하고, 1962년 5월 붕괴의 첫 번째

희미한 조짐이 감지된 1년여 전부터는 더욱 확신을 가질 수 있었다. 나는 내가 산 주식이 새로운 상한선을 그리고 있지 않다는 사실을 조금씩 알아챘다. 보통주의 수요가 줄어들면서 새로 상승권에 진입하는 종목의 숫자가 감소하고 있었다. 시장의 불규칙한 움직임에 불안해하며 나는 손절매 가격을 더 낮게 설정했다. 나의 판단력과 직감에 따른 것이다.

시스템은 그것을 사용하는 사람과 잘 맞아떨어져야 한다. 한 종목의 특성과 잘 맞는 시스템이 다른 종목에는 전혀 맞지 않을 수도 있다. 그리고 다른 모든 것과 마찬가지로 주식시장에서도 어느 정도 감이 필요하다. 여러 가지 변수를 고려하고 아무리 심사숙고하더라도 실패할 수 있다. 그리고 그런 상황에 처하면 투자자는 대가를 치러야 한다. 나 역시 때때로 그 값을 지불했다. 예를 들어, 로릴라드 거래에선 상당한 수익을 얻었기 때문에 기분이 좋은 것 말고 다른 감상은 없었다. 그리고 자연스럽게 나는 상당히 만족스러운 결과를 가져다준 주식에 주목했다. 그 결과는 다음과 같았다.

세 차례에 걸쳐 로릴라드가 또 달리기를 시작할 것이라고 생각하면서, 나는 운을 시험해봤다. 처음에는 1,000주를 70달러 50센트에 사고 67달러 87센트 정도에 손절매해 3,590.76달러 손실을 봤다. 나는 조금도 굴하지 않고 다시 도전해서 500주를 주당 69달러에 샀다가 67달러 75센트에 팔았다. 나는 내가 옳다고 확신하며 다시 도전했다. 이번엔 손절매 가격을 매수 가격에 최대한 가깝게 설정했다. 매매 시점을 잘못 판단하더라도 손실을 최대한 줄이기 위해서였다. 이는 꽤 괜찮은 선택이었다. 왜냐하면 주식을 67달러에 팔았기 때문이다.

이 세 번의 도전으로 인한 손실은 총 6,472달러에 달했다. 이 경험은 내가 '가장 좋아하는' 주식에 대한 애착을 치유해주었다. 주식시장에서 나만의 애완 주식을 기를 여유 따위는 없다. 로릴라드 주식에 대한 경험은 또한 손절매 주문의 중요성을 다시 한 번 일깨워주었다.

내가 세운 원칙을 엄격하게 적용할수록 손실은 적어졌다. 예를 들어, 처음 도전했을 때는 3,590달러의 손실이 발생했고 세 번째 도전에선 1,712달러의 손실이 발생했다는 것만 비교해봐도 그렇다. 나는 1,000주를 샀다. 차이점은 첫 번째에선 2포인트 이상의 마진을 허용했고, 세 번째에서는 매수 가격과 손절매 가격 사이의 차이가 0.75포인트밖에 나지 않았다는 것이다. 이 경험으로 나는 손절매를 가능한 한 박스 바닥에 가깝게 설정해야 한다는 것을 배웠다. 수치를 비교해보면 누구나 명확히 알 수 있는 사실이다.

하지만 때로는 내가 생각하는 주식의 '성격'을 고려해야 한다는 것도 알고 있었다. 모든 종목이 하나같이 똑같이 움직이는 것은 아니다. 일부는 뚜렷한 성격을 드러내며 무대 위의 프리마돈나처럼 기괴한 움직임을 보이기도 한다. 하지만 괴팍함에도 한계가 있게 마련이다. 어느 정도까지는 편차를 감안할 수 있다. 그러나 시간이 지나면 투자자들은 이렇게 공손히 손절할 것임을 외친다. "부인, 죄송하지만 전 당신의 괴팍한 성격을 감당할 수 없네요. 당신은 내 박스 이론에 맞지 않으니, 그럼 이만"이라고 말이다.

1961년 가을, 누군가 봤으면 내가 모든 주식과 작별을 고하고 있다고 생각했을 것이다. 일부 종목은 아주 짧은 시간만 보유하기도 했다. 나는 하나씩 하나씩 주식을 정리했다. 때로 내가 정리해버린 주식이 회복되는 조짐을 보일 때도 있었다. 그러면 다시 사들이기도 했지만, 결국은 뒤통수를 맞는 엔딩을 경험할 뿐이었다. 이렇게 해서 나는 다음과 같이 주식들을 정리했다.

제니스 라디오Zenith Radio(주식 분할 전) : 163달러에 매수했다가 157달러에 매도하고, 192달러 75센트에 다시 매수했다가 187달러 25센트에 손절했다.

센코 인스트루먼츠Cenco Instruments : 72달러에 매수했다가 69달러에 매도. 이후 주식은 28달러 25센트까지 떨어졌다가 42달러 선을 회복했다.

1961년, 나는 여전히 새로운 교훈을 배우고 있었다. 주가 흐름이 더욱 불확실해졌기 때문에 내 손실 역시 더욱 커졌다. 비록 많은 종목이 여전히 새롭게 기록적인 최고치에 도달하고 있었지만, 전문가들은 호황이 지속되지 않을 것이라는 위기감을 느끼고 있었다. 그 결과, 공매도가 많이 발생하고 지속적인 차익 실현으로 시장이 불균일하게 상승하며 어지러운 움직임을 보이다가 순식간에 떨어지기 시작했다.

1961년 5월, M.C.A. 주식 100주를 실험 삼아 매입했다. 67달러 50센트에 산 주식은 65달러 75센트에 팔렸다. 실제 손실은 크지 않았지만 나는 주당 1.75포인트를 잃었다. 만약 100주가 아닌 1,000주를 샀더라면 손실은 1,750달러로 불어나버렸을 것이다.

같은 해 9월, 비슷한 상황에서 유아식 회사 메드 존슨Mead Johnson 주식 300주를 169달러 50센트에 매수했다. 그 가격대의 주식에서 12포인트가량의 변동은 심하지 않은 편이다. 백분율로 따져도 겨우 5% 정도의 움직임에 불과하므로, 나는 손절매 주문을 낮은 수준에 설정했다. 그럼에도 불구하고 3,600달러로 꽤 큰 손실을 봤다. 물론 손실 목록에는 다른 종목도 많다. 시장이 더 이상 나아가지 않고 정체된다는 느낌이 들어서 나는 주식을 매수하는 것을 중단했다. 그리고 1962년 1월, 나는 시장에서 완전히 손을 뗐다. 내 계좌에는 더 이상 그 어떤 주식도, 어떤

전망도 남지 않았다.

뭔가 잘못되고 있는 게 틀림없었다. 하지만 월스트리트라는 카지노의 중개인들, 호객꾼들, 투자 예측 서비스 전문가들은 계속해서 강세장이라 떠들어댔다. 다우존스 지수는 700대 중반까지 오르며 사상 최고치를 기록했다. 하지만 내 경험에 따르면 중간 약세장처럼 보였다. 새로운 상승 박스에 그 어떤 주식도 들어가지 않았다. 물가가 오르며 내 재산도 더 이상 늘어나지 않았다. 숨을 고르며 앞으로 무슨 일이 일어날지 관망하는 것 외엔 할 일이 없었다.

당시의 상황을 재빨리 파악한 나를 칭찬하고 싶은 마음은 없다. 이건 통찰력이나 예지력의 문제가 아니다. 굳이 설명하자면 일괄 매도 기능을 갖춘 내 박스이론의 공일 뿐이다. 시장은 그 자체의 움직임을 통해 가격 추세가 역전되기 시작하는 지점에서 각 종목의 회로 차단기를 자동으로 작동시키며 나름의 위험 신호를 보냈다. 이것이 바로 5월 폭락이 있기 몇 달 전, 주식시장에서 발을 빼고 플라자호텔의 오크룸에서 플랜터즈 펀치를 마시며 조용히 헤드라인을 읽을 수 있었던 이유다.

나는 내가 그토록 공들여 고안해낸 시스템의 가장 좋은 부분은 수익을 만드는 것이 아니라는 것을 깨달았다. 훨씬 더 중요한 것은 그렇게 이룬 수익을 지킬 수 있게 도와준다는 점이었다!

Figuring My Winning
Index of Stocks

나는 딱 두 가지만으로
성공했다!

내가 할 일은 예측을 잘 관리하고, 돈을 잃을 때는 가능한 한 최소한으로 규모를 줄이고, 이
길 때는 수익을 최대한 늘리는 것뿐이다! 손실을 줄이는 데 있어서 손절매 주문은 나의 중
요한 무기다. 내가 아는 승자를 고르는 유일한 시스템은 박스이론이다. 지금까지 내 이론은
시장에서 승자로 자리 잡는 데 매우 도움이 됐다.

나는 도박을 한다. 맞는 말이다.
하지만 나는 경험에서 나오는
조심스러운 마음으로 도박을 한다

미안한 말이지만 주식시장에선 그 어떤 것도 보증할 수 없다. J. P. 모건 역시 "주가는 언젠가 변동한다"라고 하지 않았는가. 주가 변동은 가령 경마를 가능하게 하는 요인과 마찬가지인 견해차 때문에 발생한다. 일부 전문가는 오티스 엘리베이터Otis Elevator가 상승하리라 예측하는 반면 어떤 사람들은 하락할 것이라 내다본다. 각자 자신의 예측에 돈을 건 사람들이 생기면 그게 바로 주가의 오르내림을 결정한다.

나 같은 경우, 돈을 걸기 전 주가의 흐름을 면밀히 관찰하고 실제로 어떤 방향으로 가는지 살펴본다. 나는 많은 자본을 가지고 카지노에서 많은 돈을 쓰는 사람들을 알고 있다. 주식시장에 발을 들여놓은 뒤 첫 투자로 벤처 회사 주식을 3,000달러 정도 매수해서 상당한 이익을 얻었다. 그런데 최근 참석한 한

파티에서 만난 젊은 댄서가 나를 궁지에 몰아넣었다.

"당신이 주식시장에 대해 책을 쓴 닉 다바스 맞죠?"

그러면서 그녀는 내게 정보를 요구했다. 댄서로서의 경력은 말 그대로 "약간의 성공과 굶주림"을 안겨주었을 뿐이라며 주식 투자를 진지하게 고려하고 있다는 게 아닌가. 나는 그녀에게 이렇게 대답했다. "들어봐요. 5,000달러를 투자할 여유가 없으면 게임은 하는 게 아니에요."

그녀는 내 말에 화가 난 듯 자리를 피했다. 나는 생각했다. '모든 사람을 도와줄 필요는 없어. 나 하나 잘하기도 힘드니까.' 나는 혼자 월스트리트라는 카지노에 들어가 홀로 게임을 하고, 홀로 떠나야 한다고 결심했다. 그 누구도 아닌 바로 내가 우승자가 되고 싶었으니까!

내 방법은 지금까지 성공적이었다. 나는 도박을 한다. 맞는 말이다. 하지만 나는 경험에서 나오는 조심스러운 마음으로 도박을 한다. 내가 아는 한, 나는 무언가에 크게 데이면 곧바로 손을 뗀다. 싼 재고를 사서 엄청난 손해를 입기도 했다. 손실, 손실, 손실. 그리고 거래에 따른 과도한 수수료를 지불해야만 했다.

내 목적에 부합하는 비교적 싼값의 주식은 불규칙한 흐름을 보였다. 이 주식을 거래하는 플로어 트레이더들은 흔히 뺑소니 전문가로 8분의 1포인트, 4분의 1포인트로 계속해서 공매도할 것을 추천한다. 그 결과, 너덜너덜한 차트와 불안정한 박스만 남을 뿐이다. 투자자들은 같은 방식으로 더 비싼 주식도 건드린다. 물론 더 소중하게 여기겠지만. 결과적으로 관찰해보면 가격의 상승과 하락만 훨씬 더 눈에 띌 뿐이다.

나의 목표는 가능한 한 큰 폭으로 상승할 주식을 찾아내는 것이다. 하지만 오랜 시간 주식 투자를 하면서 내가 언제나 옳은 선택을 하는 것은 아니라는 사실을 깨달았다. 그러므로 내가 할 일은 내 예측을 잘 관리하고, 돈을 잃을 때는 가능한 한 최소한으로 규모를 줄이고, 이길 때는 수익을 최대한 늘리는 것뿐이다! 손실을 줄이는 데 있어서 손절매 주문은 나의 중요한 무기다. 내가 아는 승자를 고르는 유일한 시스템은 박스이론을 면밀히 적용하는 것이다. 지금까지 내 이론은 시장에서 승자로 자리 잡는 데 매우 도움이 됐다.

최근 거래에서도 알 수 있지만, 박스이론과 손절매 주문은 충분히 제 몫을 하고 있다. 컨트롤 데이터Control Data 주식을 예로 들어보자. 1963년 4월, 나는 컨트롤 데이터가 거래량과 가격 모든 면에서 상승세를 나타낼 조짐이 보인다는 데 주목했다. 올해 최저 가격은 36달러였다. 5월 초 51달러 25센트까지 올랐다. S&P 지수를 살펴본 결과, 주가가 전년도 최저치인 19달러에서 줄곧 상승한 것으로 나타났다. 그리고 곧 52달러로 역사상 최고점에 다다랐다. 아마 최고가를 기록하지 않을까 싶어서 조금 더 자세히 추적하고 싶었지만, 몇 주간의 파리 출장과 다른 일들로 정신 없어서 그냥 무시해버리고 말았다.

출장을 끝내고 돌아와보니, 컨트롤 데이터는 이미 이전의 천장을 뚫고 올라 꾸준히 상승하고 있었다. 이런 추세가 얼마나 지속될지 알 길이 없었기에 새로운 박스에 진입할 때까지 기다릴 수밖에 달리 방법이 없었다. 어느 정도 정보가 파악되자 나는 63달러에 500주를 매수하고 상한선보다 조금 낮은 62달러 50센트에 손절매 주문을 걸었다.

6월 25일, 중개인은 나에게 다음과 같이 전보를 쳤다.

[그래프 14] 컨트롤 데이터 주가 추이

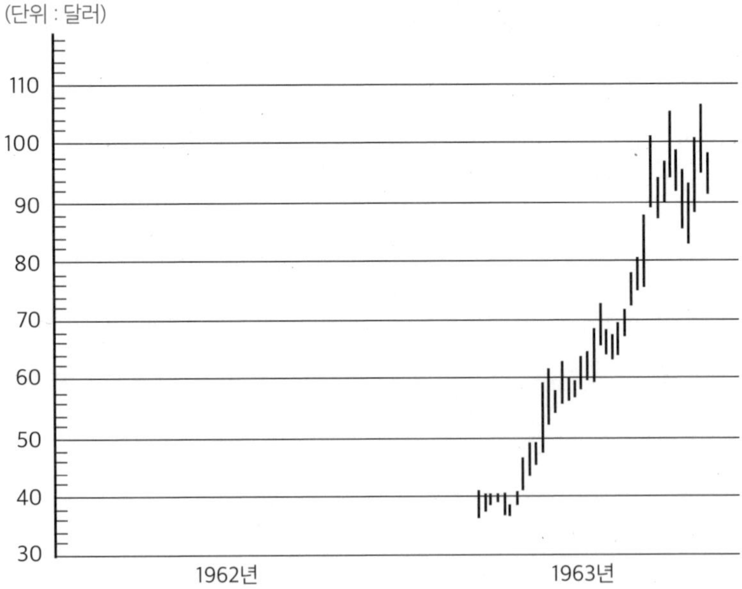

(단위 : 달러)

컨트롤 데이터, 500주 63달러 매수
컨트롤 데이터, 500주 62달러 50센트에 매도

그날 컨트롤 데이터 주가는 63달러 75센트로 최고치에 도달했다가 다시 떨어졌다. 나는 하락세가 일시적이라 확신하며 다시 매수 주문을 넣었다. 그리고 또 팔렸다! 하지만 이번엔 하락세가 훨씬 짧았다. 컨트롤 데이터 주식은 손절매 주문에 걸려 딱 한 번 매도를 거치고 계속 상승세를 탔다. 나는 내 확신이 옳다고 생각하며 주식을 계속 보유하기로 결심했다.

7월 5일 중개인이 전보로 보낸 저녁 보고에서 컨트롤 데이터 주식 500주를 65달러 87센트에 매수했다고 알려왔다. 그날 장은 68달러 50센트로 마감했다. 하루 동안 최고가를 찍고 계속 상승세를 보이던 주식은 금요일 저녁, 68달러 60센트에 마감했다. 그다음 주 월요일, 주식은 천장을 뚫고 71달러를 넘어섰다.

컨트롤 데이터 주식은 관리를 잘한 편이다. 그 거래로 나는 내가 답을 찾았다는 것을 다시 한 번 증명해보였다. 복권 당첨 번호를 알려주는 시스템처럼 100% 간단하고 확실한 방법은 아니지만, 적어도 내겐 잘 맞는 나만의 시스템을 찾아냈다.

마침내 나는 월스트리트라는 카지노에 당당히 입성할 자격을 갖춘 것이다. 딜러와 호객꾼, 크루피어가 득실거리는 도박의 장소. 나는 그곳에서 조용히 경기에 참여해 자주 관심을 끌지도 못했고 자주 이기지도 못했지만…… 최후의 승자가 될 수 있었다.

월스트리트는 모두를 위한 곳이 아니다. 게임에 져도 추스를 수 있는 사람들만을 위한 곳이다. 따라서 손해를 감수할 수 없다면, 도박장이든 월스트리트라는 카지노든 발을 들여선 안 된다.

마지막으로 월스트리트는 자선단체가 아니다. 나는 라스베이거스의 카지노에 들어가듯 두 눈을 크게 뜨고 월스트리트에 발을 내민다. 사람들과 이야기를 나누지 않고 오로지 시장의 흐름만을 지켜보며 언제든 내 운을 시험대에 올린다.

"박스이론과 손절매.
마침내 나는 월스트리트라는 카지노에
당당히 입성할 자격을 갖췄다. 딜러와 호객꾼, 크루피어가 득실거리는
도박의 장소. 나는 그곳에서 조용히 경기에 참여해
자주 관심을 끌지도 못했고 자주 이기지도 못했지만,
최후의 승자가 될 수 있었다."

_ 니콜라스 다바스

니콜라스 다바스의 연보

1920년 헝가리에서 태어남.

1939년 9월, 독일의 폴란드 침공으로 제2차 세계 대전 촉발(헝가리는 독일 편).

1940년 헝가리 부다페스트 외트뵈시로란드대학교에서 경제학을 공부.

1941년 12월, 태평양 전쟁 개시와 함께 세계 전쟁으로 발전, 추축국과 연합국 사이의 대전쟁.

1943년 6월 가짜 여권을 가지고 터키 이스탄불로 도피. 얼마 후 사촌 여동생 줄리아와 만남.
        댄스팀을 결성해 공연 시작.

1945년 소련이 헝가리 부다페스트를 점령.

1952년 캐나다의 어느 클럽에서 공연비를 브리런드 주식으로 지불하겠다고 제안. 공연을
        거절하는 대신 매수한 주식이 얼마 후 4배 가까이 오르며 주식 투자에 매료돼 투자
        에 정식으로 입문. 매일 주식 관련 도서를 읽음(약 200권).

1957~1958년 다바스 박스이론을 정립하며 강세장이었던 18개월 동안 약 2,250,000달
            러의 수익을 얻음.

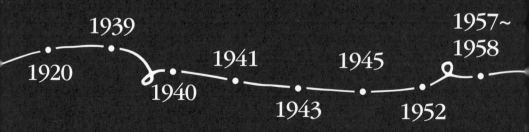

Nicloas Darvas' Life Timeline

1959년 5월 25일 《타임》에 그의 투자 성공 스토리가 실림.

1960년 초대박 베스트셀러 『나는 주식투자로 250만불을 벌었다』 출간.
《타임》《배런스》 등 언론사에서 대서특필, 그 당시 법무부 장관은 그의 책을 집어 던
지며 투자에 관해 조언할 때 사기나 허위 진술 금지를 확대한다고 법을 개정함.

1962년 인플레이션으로 인한 연방준비제도(FED)의 기준금리 인상 및 긴축 정책으로 미국
증시 20% 이상 대폭락.

1964년 『니콜라스 다바스 박스이론』 출간.

1965년 『성공의 구조(The Anatomy of Success)』 출간.

1971년 『장외 시장 성공을 위한 다바스 시스템(The Darvas System for Over-The-Counter
Profits)』 출간.

1977년 『당신은 여전히 시장에서 성공할 수 있다(You Can Still Make It in the Market)』 출간.
프랑스 파리에서 생을 마감하기 전까지 부동산과 패션 사업으로 부를 늘렸다고 함.

1959   1962   1965   1977
1960   1964   1971

옮긴이 **김나연**

서강대학교에서 영어영문학과 석사학위를 취득하였다. 현재 출판번역 에이전시 베네트랜스에서 전문 번역가로 활동하고 있다.
옮긴 책으로는 『사람은 어떻게 생각하고 배우고 기억하는가』『부의 해부학』『여자에게는 야망이 필요하다』『최강의 일머리』등이 있다.

니콜라스 다바스
박스이론

초판 1쇄 발행 2022년 11월 10일
초판 2쇄 발행 2024년 9월 20일

지은이 니콜라스 다바스
옮긴이 김나연
펴낸이 김선준

편집이사 서선행
편집4팀 송병규, 이희산   **교정·교열** 허지혜
마케팅팀 권두리, 이진규, 신동빈
홍보팀 조아란, 장태수, 이은정, 권희, 유준상, 박미정, 박지훈, 이건희
디자인 김세민   **표지 일러스트** 김옥
경영관리팀 송현주, 권송이, 정수연

펴낸곳 페이지2북스   **출판등록** 2019년 4월 25일 제 2019-000129호
주소 서울시 영등포구 여의대로 108 파크원타워1. 28층
전화 02) 2668-5855   **팩스** 070) 4170-4865
이메일 page2books@naver.com
종이 ㈜월드페이퍼   **인쇄·제본** 한영문화사

ISBN 979-11-90977-86-9 04320
         979-11-90977-97-5 04320(세트)

• 책값은 뒤표지에 있습니다.
• 파본은 구입하신 서점에서 교환해드립니다.
• 이 책은 저작권법에 의하여 보호를 받는 저작물이므로 무단 전재와 복제를 금합니다.